高等教育自学考试系列辅导丛书

丛书组编　四川英华教育文化传播有限公司
Sichuan Yinghua Education & Culture Communication Co.,Ltd

编写依据　《人员素质测评理论与方法》（赵建伟、何玲主编　四川大学出版社）

人员素质测评理论与方法模拟试题集

（人力资源管理专业）

主　编　梁　勤
副主编　张　静

课程代码
06090

高等教育自学考试《人员素质测评理论与方法》辅导资料

西南财经大学出版社
Southwestern University of Finance & Economics Press
中国・成都

图书在版编目(CIP)数据

人员素质测评理论与方法模拟试题集/梁勤主编．—成都:西南财经大学出版社,2018.11

ISBN 978-7-5504-3811-8

Ⅰ.①人…　Ⅱ.①梁…　Ⅲ.①人员测评—高等教育—自学考试—习题集　Ⅳ.①C962-44

中国版本图书馆 CIP 数据核字(2018)第 245957 号

人员素质测评理论与方法模拟试题集

主　编　梁勤
副主编　张静

责任编辑:李晓嵩
责任校对:田园
封面设计:张姗姗
责任印制:朱曼丽

出版发行	西南财经大学出版社(四川省成都市光华村街 55 号)
网　　址	http://www.bookcj.com
电子邮件	bookcj@foxmail.com
邮政编码	610074
电　　话	028-87353785　87352368
照　　排	四川胜翔数码印务设计有限公司
印　　刷	郫县犀浦印刷厂
成品尺寸	185mm×260mm
印　　张	11.25
字　　数	206 千字
版　　次	2018 年 11 月第 1 版
印　　次	2018 年 11 月第 1 次印刷
印　　数	1— 2500 册
书　　号	ISBN 978-7-5504-3811-8
定　　价	35.80 元

高等教育自学考试系列辅导丛书

编 委 会

丛书前言

依靠自己的力量，在有限的时间里学习一门新学科，从不懂到懂，从不会到会，从不理解到理解，从容易遗忘到记忆深刻，从不会应用到熟练应用，从模仿到创新，把书本知识内化为自己的知识，是一个艰难的过程。在这个过程中，自学者不仅需要认真钻研考试大纲，刻苦学习教材和辅导书，还应该做适量的练习，把学和练有机地结合起来，否则就不能达到预定的学习目标。“纸上得来终觉浅，绝知此事要躬行。”这是每一位自学者都应遵循的信条。

编写模拟试题，同样是不容易的事。它对编写者提出了相当高的要求：

- 有较高的学术造诣；
- 有较丰富的教学经验；
- 对高等教育自学考试有深刻的理解并有一定的辅导自学者的经历；
- 对考试大纲、教材、辅导书有深入的了解，对书中的重点、难点、相互联系等有准确的理解；
- 对自学者的学习需要和已有的知识基础有一定的了解。

只有把这些因素融会在一起，编写者才能编写出高质量的，有利于举一反三、事半功倍的模拟试题。

基于学习目标的考虑，我们把模拟试题大致分为以下四个步骤：

第一，单项练习：针对一个知识点而设计的练习题。其目的在于帮助自学者理解和记忆基本概念和理论。

第二，创造性练习：提供一些案例、事实、材料，使自学者应用所学的理论、观点、方法创造性地解决问题。这类问题可能没有统一的答案，只有一些参考性的思路。其目的很明显，就是培养自学者的创新意识和能力。

第三，综合自测练习：在整个学科范围内设计练习题，尽量参考考试大纲要求的题型，组成类似考卷的练习题。其目的在于使自学者及时检测全部学习状况，帮助自学者做好迎接统一考试的知识及心理准备。

第四，历年试题练习：旨在帮助自学者能按正规考试要求进行学习效果的测试。

子曰："学而时习之，不亦乐乎。"一边学，一边练，有节奏、有规律地复习，不仅提高了学习效率，也会给艰难的学习过程带来不少的快乐。圣人能够体会到这一点，我们每一位自学者同样能体会到。如果通过这样的学习过程，实现了学习目标，实现了人生的理想，实现了对自我的不断超越，那么我们说这种学习其乐无穷也毫不夸张。

高等教育自学考试系列辅导丛书的编写和出版工作是一项艰巨而复杂的文化系统工程，需要付出很多的时间与精力来完成。立足现状，不骄不馁；展望未来，任重道远。我们满怀信心，肩负教育事业赋予文化企业的使命，承担科教兴国的中国教育梦，责无旁贷，无怨无悔。我们坚信只要怀有对文化教育事业的诚挚热爱，心系考生，情牵教育，胜利与成功一定属于付出努力的人。

英华教育自考命题研究组

2017 年 9 月

编写说明

《人员素质测评理论与方法模拟试题集》系四川省高等教育自学考试人力资源管理专业（本科）必修课程人员素质测评理论与方法的配套参考用书。通过该课程的学习，考生能比较系统地获得人员素质测评的基本概念、基本理论和基本知识；理解和领会素质的量化理论、模型与方法；掌握和应用人员素质测评的各种方法和技术。该课程能培养学生将所学理论知识、方法和技术运用于工作实践中，提高学生分析与解决实际问题的能力。

该课程自开考以来尚未出版一本供考生练习使用的复习资料。该课程内容多，难度大，并且是一门应用性、理论性以及知识性较强的学科。为此，考生在复习备考时觉得无从下手。为了满足广大考生复习备考之需要，我们根据长期从事高等教育自学考试教学和管理的经验，历时一年之久，在原有模拟试题集的基础上，精心修改，重新编写了本书。

在编写时，我们依据四川省高等教育自学考试委员会发布的《人员素质测评理论与方法自学考试大纲》和四川大学出版社出版的《人员素质测评理论与方法》（赵建伟、何玲主编）以及历年考试试卷，并结合人力资源管理理论的快速发展，新的法律法规的不断出台，素质测试水平的不断提高和测试技术的不断创新，以模拟试题形式组织编写了本书。我们力求做到重点突出，内容全面，既有针对性，又有较强的实际效果。题型包括单项选择题、多项选择题、名词解释题、判断分析题、问答题等常规考试题型。综合模拟试卷与近年自考试卷均配有较为完整的参考答案，以供考生练习使用。

由于模拟试题毕竟不是真正的考试题，有其局限性，希望考生在认真研读教材、大纲的基础上去练习，不可本末倒置，置教材、大纲于不顾，而一味地做题、猜题、押题，相信考生能理解我们编写此书的良苦用心。“书山有路勤为径，学海无涯苦作舟。”辅导书固然好，但也只是一个助手，在通往成功之路上，更多的还是需要自学者的勤奋和努力。

“梅花香自苦寒来”，考生在学习人员素质测评理论与方法课程的过程中，只有掌握恰当的学习方法，熟读所学内容，多做练习，才能学好这门课程，取得优异的成绩，实现梦想。

知识随时在更新，我们会根据新形势、新情况，应广大考生要求，编写出更多、更新、更适合自考和更符合自考规律的辅导书。

在编写本书时，我们吸收了国内同行的许多经验和优秀教学成果，并得到主考院校西南科技大学、四川旅游学院、四川大学、成都信息工程大学以及四川科技职业学院自考办、成都航空职业技术学院继续教育学院、四川交通职业技术学院、四川英华教育文化传播有限公司、西南财经大学出版社等单位的大力支持，在此一并表示感谢。同时，我们对所有参与编写工作的老师的辛勤付出和无私奉献表示感谢。

由于编写时间仓促和经验不足，错误与遗漏在所难免，希望考生和助学教师在使用过程中提出批评和意见，我们将会在再版时，进行更新与弥补。

英华教育自考命题研究组

2018 年 11 月于成都

目录

第一编　分项练习题

第二编　综合模拟试卷

第三编　近年自考试题汇编

第一编
分项练习题

第一章

[illegible]

一、单项选择题

1. 比例量化不仅要求素质测评对象的排列有顺序等距关系，而且还要存在（　　）。

A. 数量关系　　B. 倍数关系

C. 相等关系　　D. 相似关系

2. 指某一时间内个体所负担的一个或数个责任的集合的是（　　）。

A. 要素　　B. 任务

C. 职位　　D. 职务

3. 测评指标权重的数量表示即为权数，相对权数是指某个测评指标作为一个单位在总体中的（　　）。

A. 积　　B. 差

C. 和　　D. 比重值

4. 观察法主要采取（　　）。

A. 直接观察　　B. 间接观察

C. 计时观察　　D. 计件观察

5. 1938 年默瑞与摩尔根编制了投射测验之一的（　　）。

A. 智力测验　　B. 16 因素测验

C. 主题统觉测验　　D. 默迹测验

6. 明尼苏达办事员能力测验属于（　　）。

A. 运动技能倾向测验　　B. 机械倾向测验

C. 技能技巧测验　　D. 文书能力测验

7. 下列测评方式中，信息沟通渠道最多的是（　　）。

A. 笔试　　B. 心理测验

C. 面试　　D. 投射法

8. 工作分析的结果是形成职位工作规范和（　　）。

A. 职位说明书　　B. 职位工作责任书

C. 职位工作计划书　　D. 职位晋升图

9. 评价中心主要是测评被测者的（　　）。

A. 操作能力　　B. 管理素质

C. 技能水平　　D. 艺术特长

10. 绩效考评是指考评主体通过一系列测评方法来测量和评价员工在职务上的工作行为与（　　）。

A. 工作动机　　B. 工作效果

C. 工作兴趣　　D. 工作态度

11. 卡特尔16因素测验主要用于测量人的（　　）。

A. 智力　　B. 兴趣

C. 个性　　D. 特殊性向

12. 南加利福尼亚大学创造力测验的编制者是（　　）。

A. 瑟斯顿　　B. 吉尔福特

C. 卡特尔　　D. 西蒙

13. 差异系数又称变异系数或变差系数，是标准差与平均数的（　　）。

A. 比值　　B. 和

C. 差　　D. 积

14. 素质测评结果报告的方式按形式分类，常见的有口头报告、分数报告、等级报告和（　　）。

A. 分数报告　　B. 综合报告

C. 评语报告　　D. 图表报告

15. 在测评活动中直接得到的分数叫做（　　）。

A. 常模参照性分数　　B. 导出分数

C. 目标参照性分数　　D. 原始分数

16. 人员素质测评主要测评被测者的（　　）。

A. 心理素质　　B. 身体素质

C. 遗传素质　　D. 艺术素质

17. 相对权数是指某个测评指标作为一个单位，它在总体中的（　　）。

A. 积　　B. 差

C. 和　　D. 比重值

18. 比奈-西蒙量表主要用于（　　）。

A. 智力测验　　B. 个性测验

C. 主题统觉测验　　E. 态度测量

19. 观察法是由有经验的人记录被观察者某一时期的工作内容、原因和方法而不干扰其工作的活动。它主要采取（　　）。

A. 直接观察　　B. 隐蔽观察

C. 计时观察　　D. 计件观察

20. “江山易改，禀性难移”说明非常稳定的是人的（　　）。

A. 能力　　B. 性格

C. 气质　　D. 态度

21. 工作分析的结果是形成职位工作规范和（　　）。

A. 职位说明书　　B. 职位工作责任书

C. 职位工作计划书　　D. 职位晋升图

22. 南加利福尼亚大学测验主要用于测量人的（　　）。

A. 气质　　B. 创造力

C. 态度　　D. 能力

23. 韦克斯勒量表主要用于测量人的（　　）。

A. 能力　　B. 性格

C. 气质　　D. 智力

24. 工作分析活动的实质就是从不同个人职业生涯与职业活动的调查入手，顺次分析工作者、职务、职位、职责、任务与要素的过程，并由此确定工作的性质要求与（　　）。

A. 岗位　　B. 任职条件

C. 工作描述　　D. 责任

25. 在中高层领导选拔和聘用中，常用的测评报告形式是（　　）。

A. 等级报告　　B. 分数报告

C. 评语报告　　D. 分项报告

26. 在测评活动中根据被测者的总体水平而给的分数叫做（　　）。

A. 常模参照性分数　　B. 导出分数

C. 目标参照性分数　　D. 原始分数

27. 所有测评指标的绝对权数之和为总分，所有测评指标的相对权数之和为（　　）。

A. 0　　B. 1

C. 2　　D. 3

28. 下列项目不属于导出分数的是（　　）。

A. 名次　　B. 登记频数

C. Z 分数　　D. 百分位数

29. 主要用于测量人的性格的心理测验是（　　）。

A. 比奈-西蒙量表　　B. 明尼苏达操作速度测验

C. 卡特尔 16 因素测验　　D. 南加利福尼亚大学测验

30. 等距量化要求任何两个素质测评对象间的差异（　　）。

A. 相等　　B. 不相等

C. 相反　　D. 相似

31. 生活特性测评主要测评个体的（　　）。

A. 创造力　　B. 动机水平

C. 管理水平　　D. 智力水平

32. 在评价中心的活动中，主试人进行观察评定的是要求考生表现出来的（　　）。

A. 信念　　B. 意识

C. 思想　　D. 行为

33. STAR 原则中，“S”指的是（　　）。

A. 情景　　B. 任务

C. 行动　　D. 结果

34. 人员素质测评的类型按不同的标准有不同的划分，从测评范围来分，可分为单项测评和（　　）。

A. 综合测评　　B. 静态测评

C. 自我测评　　D. 配置性测评

35. 工作活动中不便再继续分解的最小单位是（　　）。

A. 要素　　B. 任务

C. 职位　　D. 职务

36. 工作分析的结果是职位说明书与（　　）。

A. 人员素质测评方法　　B. 职位工作规范

C. 职业生涯规范　　D. 人力资源战略

37. 最先使用“角色”一词的是（　　）。

A. 泰罗　　B. 法约尔

C. 乔治·米德　　D. 孔茨

38. 在素质测评模式中，“Q”表示（　　）。

A. 素质　　B. 输出信息

C. 常模　　D. 测评结果

39. 具有客观性、选择性、刚性特点的人才测评体系是指（　　）。

A. 选拔性测评　　B. 配置性测评

C. 开发性测评　　D. 考核性测评

40. 为人力资源开发提供科学性与可行性依据的人才测评是（　　）。

A. 选拔性测评　　B. 配置性测评

C. 开发性测评　　D. 考核性测评

41. 具有“以敏锐的社会知觉能力和人际协调能力为主，借助人际交往或直接沟通使顾客获得心理满足的能力”的特点的是（　　）。

A. 操作型职业能力　　B. 艺术型职业能力

C. 服务型职业能力　　D. 经营管理型职业能力

42. 目前国际上影响最大、应用最为广泛的测评方法是（　　）。

A. 托兰斯创造力测评技术　　B. 尤金·劳德塞创造能力测评量表

C. 发散思维衡量创造力水平　　D. 墨迹测评

43. 最常用、最普遍的信度检查方法是（　　）。

A. 再测信度　　B. 复本信度

C. 一致性信度　　D. 评分者信度

44. 心理测验分为智力测量、人格测量和能力倾向的分类标准是（　　）。

A. 测验材料　　B. 测量方法

C. 测量对象　　D. 测量目的

45. 在原始分数的基础之上通过一定的处理而得到的分数是（　　）。

A. 导出分数　　B. 目标参照性分数

C. 常模参照性分数　　D. 原始分数

46. 面试测评被测者的素质主要是观察被测者的（　　）。

A. 行为　　B. 智力

C. 技能　　D. 需要

47. 17 世纪，英国著名哲学家洛克认为，人才就是（　　）。

A. 哲学家　　B. 绅士

C. 贵族　　D. 知识分子

48. 下列心理测验中，属于投射测验的是（　　）。

A. 托兰斯测验　　B. 16 因素测验

C. 尤金・劳德赛测验　　D. 墨迹测验

49. 德尔菲法又称为（　　）。

A. 层次分析法　　B. 多元分析法

C. 专家分析法　　D. 主观经验法

二、多项选择题

1. 质化（定性）样本抽样方法主要有（　　）。

A. 随意抽样　　B. 配额抽样

C. 立意抽样　　D. 雪球抽样

E. 理论抽样

2. 人员素质测评的类型按不同的标准有不同的划分，从测评时间来看，可分为（　　）。

A. 定期测评　　B. 不定期测评

C. 日常测评　　D. 单项测评

E. 综合测评

3. 依面试的侧重点不同分类，面试可分为（　　）。

A. 常规面试　　B. 情景面试

C. 压力测评　　D. 行为描述式面试

E. 小组面试

4. 情境设计应做到（　　）。

A. 相似性　　B. 典型性

C. 主题突出　　D. 随意性

E. 静态性

5. 心理测验的相关概念包括（　　）。

A. 信度　　B. 效度

C. 常模　　D. 量表

E. 可比度

6. 权重的确定方法有（　　）。

A. 德尔菲法　　B. 层次分析法

C. 多元分析法　　D. 主观经验法

E. 观察法

7. 量化测量的效度可以分为（　　）。

A. 内容效度　　B. 结果效度

C. 关联效度　　D. 描述型效度

E. 解释型效度

8. 公文处理的具体内容包括（　　）。

A. 拟写　　B. 制作

C. 处理　　D. 保管

E. 组织管理

9. 心理测验的构成要素包括（　　）。

A. 测试题目　　B. 计分方法

C. 测试方法　　D. 技术指标

E. 结果解释

10. 按测评目的与用途划分，人才测评可分为（　　）。

A. 选拔性测评　　B. 诊断性测评

C. 配置性测评　　D. 鉴定性测评

E. 开发性测评

11. 职业适应性测评包括（　　）。

A. 生活特性测评　　B. 需求测评

C. 职业兴趣测评　　D. 态度测评

E. 智力测评

12. 面试技巧主要包括（　　）。

A. 听　　B. 写

C. 问　　D. 观

E. 评

13. 数据综合的主要方法有（　　）。

A. 累加法　　B. 平均综合法

C. 加权综合法　　D. 连乘综合法

E. 指数连乘法

14. 从近几年面试的实践来看，面试的发展趋势是（　　）。

A. 形式多样化　　B. 内容全面性

C. 面试考官专业化　　D. 面试过程规范化

E. 面试观念的平等性

15. 绩效考评的基本类型有（　　）。

A. 综合型　　B. 品质基础型

C. 行为基础型　　D. 效果基础型

E. 内容基础型

16. STAR 原则包括（　　）。

A. 情景　　B. 任务

C. 行动　　D. 结果

E. 作用

17. 广义的素质又称为素养，主要包括（　　）。

A. 道德素质　　B. 审美素质

C. 智力素质　　D. 劳动技能素质

E. 身体素质

18. 下列关于马斯洛需求理论的说法，正确的有（　　）。

A. 把需求分为生理需求、安全需求、社交需求、尊重需求、自我实现需求五类

B. 上述五类需求依次由较低到较高层次

C. 当生理需求和安全需求得到满足后，社交需求就会表现出来，产生激励作用

D. 在安全需求没有得到满足之前，人们唯一关心的就是安全需求

E. 生理需求的级别最低

19. 素质测评的理论来源包括（　　）。

A. 心理学　　B. 系统论

C. 数学　　D. 社会学

E. 历史学

20. 生活特性测评主要是测评个体的动机水平，包括（　　）。

A. 权力动机　　B. 成就动机

C. 亲和动机　　D. 风险动机

E. 需求动机

21. 对专业人才的测评，可以选择的测评体系包括（　　）。

A. 自我测评　　B. 评价中心
C. 他人测评　　D. 群体测评
E. 常模参照性测评

22. 配置性测评具有的特点包括（　　）。
A. 针对性　　B. 客观性
C. 严格性　　D. 准备性
E. 配置性

23. 下列职业类型属于操作型职业能力类型的有（　　）。
A. 驾驶员　　B. 作家
C. 种植　　D. 操作工
E. 打字员

24. 高创造力具有的主要特质包括（　　）。
A. 高亲和力　　B. 想象力丰富
C. 好奇心强　　D. 强烈的挑战性
E. 高度的冒险性

25. 质化（定性）资料的分析方法有主题分析法、分析性比较法，以及（　　）。
A. 叙述法　　B. 理想类型法
C. 连续逼近法　　D. 例证法
E. 偶然事件法

26. 素质测评的标准体系包括（　　）。
A. 测评内容　　B. 测评目标
C. 测评指标　　D. 测评方法
E. 测评技术

27. 效度的性质包括（　　）。
A. 具有相对性　　B. 具有连续性
C. 具有稳定性　　D. 具有偶然性
E. 可以直接测量

三、名词解释题

1. 职业生涯

2. 模糊量化

3. 工作者自我记录法

4. 结构化面试

5. 人员素质测评

6. 关键事例法

7. 区分度

8. 气质

9. 专业知识笔试

10. 一次量化

11. 察举制

12. 态度

13. 心理测验

14. 职业适应性测评

15. 量化

16. 质化

17. 工作分析的观察法

18. 主管人员分析法

19. 面试

20. 人员配置的经验原型

21. 工作角色

四、判断分析题

1. 评价中心的情境设计应注意相似性，它是指所设计的情境应该和拟聘职位的工作实际具有高度的相似性。（　　）

2. 美国心理学家韦克斯勒成人智力表主要用于测评人的特殊能力。（　　）

3. 权重确定法中，德尔菲法是指请专家“背靠背”反复讨论填写对权重设立的意见，不断反馈信息以期专家意见趋于一致，从而得出一个较为合理的权重分配方案的方法。（　　）

4. 类别量化的测评对象是那些分类界限无法明确且测评者不能完全把握的素质特征。（　　）

5. 心理学研究表明，个体相互间是有差异的，这种差异不仅表现在生理上、性别上与外貌上，而且更多体现在个体所掌握的知识与能力上。（　　）

6. 管理游戏是一种以评价被测评者人际关系处理能力的情景模拟活动。（　　）

7. 人员素质测评与人才素质测评在测评理论、方法和技术上是相同的。（　　）

8. 人员配置原型是将人的个性特征与职业性质匹配的模式。　　（　　）

9. 个人素质差异的存在是进行素质测评的前提。　　（　　）

10. 人员素质测评的充分条件是职业类别、角色要求与个体差异的客观存在。　　（　　）

11. 信度是指对测量结果的真实度。　　（　　）

12. 性格测评的方法一般有问卷法和投射法。（ ）

13. 内容分析主要包括整体分布分析、总体水平分析和差异情况。（ ）

14. 小组讨论的形式主要包括角色讨论形式和无角色讨论形式。（ ）

15. 评价中心的标准化表现在测评者在加入评价中心之前，都要接受统一的培训，以确保评价过程的一致性和标准性。（ ）

16. 态度是由认知因素、情感因素以及意向因素三项心理成分构成的，它们在态度结构中有不同的地位和作用。　　（　　）

17. 一般在生活中，与人交往的性格特点主要分为敏感型、感情型、思考型和想象型四类。　　（　　）

五、问答题

1. 简述素质的分类。

2. 简述人员配置的经验原型的弊端。

3. 简述人员素质测评对管理优化的作用。

4. 简述工作分析的主要方法。

5. 简述公文处理的评价标准。

6. 简述人才测评的功能。

7. 简述专业知识笔试的层次。

8. 简述评价中心的主要形式。

9. 简述人才测评的作用。

10. 申请表和履历表有哪些区别和联系？

11. 简述类别量化与模糊量化的区别。

12. 管理人才测评的主要内容有哪些?

13. 简述结构化面试的特点。

14. 简述面试的概念和特点。

15. 如何提高面试的效果?

16. 试述人员素质测评的特点。

17. 试述素质测评的主要原则。

18. 简述素质测评与绩效测评的关系。

19. 当前素质测评存在哪些方面的不足?

20. 如何建立科技人才测评的指标体系?

21. 简述测评内容的标准化步骤。

22. 简述面试的主要功能。

23. 简述评价中心活动的主要步骤。

24. 简述工作取样法的基本程序。

25. 简述工作取样法的主要类型。

26. 试述面试的主要内容。

27. 试述评价中心的特点及情景设计时应遵循的原则。

分项练习题参考答案

一、单项选择题

1. B	2. C	3. D	4. A	5. C	6. D	7. C	8. A	9. B
10. B	11. C	12. B	13. A	14. C	15. D	16. A	17. D	18. A
19. B	20. C	21. A	22. B	23. D	24. B	25. C	26. A	27. B
28. B	29. C	30. A	31. B	32. D	33. A	34. A	35. A	36. B
37. C	38. A	39. A	40. C	41. C	42. A	43. A	44. D	45. A
46. A	47. B	48. D	49. C					

二、多项选择题

1. ABCDE	2. ABC	3. ABCD	4. ABC	5. ABCD
6. ABCD	7. ABC	8. ABCDE	9. ABCDE	10. ABCDE
11. ABC	12. ACDE	13. ABCDE	14. ABCDE	15. ABCD
16. ABCD	17. ABCDE	18. ABCDE	19. ABC	20. ABCD
21. ABCDE	22. ABCD	23. ACDE	24. BCDE	25. ABCDE
26. ABC	27. AB			

三、名词解释题

1. 职业生涯

答：职业生涯是指一个人在其生活中所经历的一系列职位、职务或职业的总称。

2. 模糊量化

答：模糊量化指把素质测评对象同时划分到事先确定的每个类别中去，根据该对象的隶属程度分别赋值。

3. 工作者自我记录法

答：工作者自我记录法是由工作者本人按照标准格式及时、详细地记录自己在工作中的行为与感觉。其基本依据是考虑到从事某一工作的人员对其工作任务要求最清楚。

4. 结构化面试

答：结构化面试也称标准化面试，是根据制定的评价指标，运用特定的问题、评价方法和评价标准，严格遵循特定程序，通过测评人员与应聘者面对面的言语交流，对应聘者进行评价的标准化过程。

5. 人员素质测评

答：人员素质测评是运用科学的方法，针对某一素质测评目标体系对被测评者的思想品格、智力水平、知识水平、能力结构、个性特点、职业倾向和发展潜能等多种素质进行测量，并作出量或质的判断和评价的一种过程。

6. 关键事例法

答：关键事例法是一种通过对实际工作中特别有效或无效的工作者行为的简短描述来调查与分析工作的一种方式。

7. 区分度

答：区分度是反映测评工具区分应试人心理特征水平高低的指标。

8. 气质

答：气质是指个体不以活动目的和内容为转移的典型的、稳定的心理活动的动力特征，是一个人心理活动在发生速度、灵活性、强度和指向性等方面特征的综合。

9. 专业知识笔试

答：专业知识笔试又称深度考试，是针对专业人才对知识掌握程度的综合测评考核。

10. 一次量化

答：一次量化是指对素质评价的对象进行直接的定量刻画。

11. 察举制

答：察举制主要是指在汉代实行的一种自下而上选拔人才的制度。察举就是考察以后予以荐举的意思。

12. 态度

答：态度是个体依据自己的观念体系对某一对象所持的稳定评价与内在倾向

的有机组合。

13. 心理测验

答：心理测验是依据一定的心理学理论和测量技术，遵循一定的操作程序，对人的行为进行量化，从而对其性格、气质、能力等心理特征作出推断。

14. 职业适应性测评

答：职业适应性测评主要从个体的需求、动机、兴趣等方面考察人与岗位工作之间的匹配关系，就是实现恰当的人从事恰当的事的前提和保证。

15. 量化

答：量化即数量化，是指给事物以数学形式的表示。

16. 质化

答：质化是指将研究对象的属性、现象、素质、表征、关系等纳入研究者预先设计的类别、术语中进行理解，然后作出某种描述和解释，以提示对象存在的样态和样式。

17. 工作分析的观察法

答：工作分析的观察法是由有经验的人通过直接观察方法，记录被观察者某一时期的工作内容、原因和方法而不干扰其工作的活动。

18. 主管人员分析法

答：主管人员分析法是由主管人员通过日常的管理权力来记录所管理人员的工作活动、任务、职责的方法。

19. 面试

答：面试是一种在特定场景下，经过精心设计，通过测评者与被测评者双方面对面的观察、交谈等双向沟通方式，全面了解被测评者素质特征、能力状况以及求职动机等信息，以确定被测评者是否符合职位要求的一种人员素质测评手段。

20. 人员配置的经验原型。

答：所谓人员配置的经验原型，是根据经验的方法把人和事进行配对，并通过配对效果判断人员是否具备处理该项事物的素质。

21. 工作角色

答：工作角色是指由于特定环境与工作任务不同而形成的特定工作性质与特征。这种特定的工作性质与特征要求担任角色的人持有相应的素质条件、态度、心理特征与工作行为模式。

四、判断分析题

1. 评价中心的情境设计应注意相似性，它是指所设计的情境应该和拟聘职位的工作实际具有高度的相似性。

答：√

2. 美国心理学家韦克斯勒成人智力表主要用于测评人的特殊能力。

答：×

改：美国心理学家韦克斯勒成人智力表主要用于言语测验和操作测验。

3. 权重确定法中，德尔菲法是指请专家“背靠背”反复讨论填写对权重设立的意见，不断反馈信息以期专家意见趋于一致，从而得出一个较为合理的权重分配方案的方法。

答：√

4. 类别量化的测评对象是那些分类界限无法明确且测评者不能完全把握的素质特征。

答：×

改：类别量化的特点是每个测评对象仅属于一个类别，不能同时属于两个以上的类别。

5. 心理学的研究表明，个体相互间是有差异的，这种差异不仅表现在生理上、性别上与外貌上，而且更多体现在个体所掌握的知识与能力上。

答：√

6. 管理游戏是一种以评价被测评者人际关系处理能力的情景模拟活动。

答：×

改：角色扮演是一种以评价被测评者人际关系处理能力的情景模拟活动。

7. 人员素质测评与人才素质测评在测评理论、方法和技术上是相同的。

答：√

8. 人员配置原型是将人的个性特征与职业性质匹配的模式。

答：√

9. 个人素质差异的存在是进行素质测评的前提。

答：√

10. 人员素质测评的充分条件是职业类别、角色要求与个体差异的客观存在。

答：×

改：人员素质测评的必要条件是职业类别、角色要求与个体差异的客观存在。或者：人员素质测评的充分条件是对个体素质认知理论与实践的探索。

11. 信度是指对测量结果的真实度。

答：×

改：信度是指对测量的一致性和稳定性。

12. 性格测评的方法一般有问卷法和投射法。

答：√

13. 内容分析主要包括整体分布分析、总体水平分析和差异情况。

答：√

14. 小组讨论的形式主要包括角色讨论形式和无角色讨论形式。

答：√

15. 评价中心的标准化表现在测评者在加入评价中心之前，都要接受统一的培训，以确保评价过程的一致性和标准性。

答：√

16. 态度是由认知因素、情感因素以及意向因素三项心理成分构成的，它们在态度结构中有不同的地位和作用。

答：√

17. 一般在生活中，与人交往的性格特点主要分为敏感型、感情型、思考型和想象型四类。

答：√

五、简答题

1. 简述素质的分类。

答：素质可以分为以下三大类：自然素质、心理素质、社会素质。

2. 简述人员配置的经验原型的弊端。

答：（1）过度依赖人力资源管理者的经验；

（2）效率低、效果差，不适用于规模较大的组织；

（3）因为人力资源管理者更换，容易导致人员配置工作缺乏连续性。

3. 简述人员素质测评对管理优化的作用。

答：（1）人员素质测评有助于在组织管理过程实现人员的优化组合；

（2）人员素质测评能促进与提高被测评人员的素质与能力水平；

（3）人员素质测评可以帮助组织制定出最佳可行性的人力资源战略措施。

4. 简述工作分析的主要方法。

答：观察法、工作者自我记录法、主管人员分析法、关键事例法、问卷调查法、文献查阅法。

5. 简述公文处理的评价标准。

答：（1）被测评者对公文分类的能力；

（2）能否适当地请示上级或者授权下属；

（3）处理过程能否按照公文的重要程度有条不紊地进行。

6. 简述人才测评的功能。

答：（1）甄别和评定功能；

（2）诊断和反馈功能；

（3）预测和激励功能。

7. 简述专业知识笔试的层次。

答：（1）基础知识记忆；

（2）专业知识理解；

（3）综合知识全面运用

8. 简述评价中心的主要形式。

答：（1）公文处理；

（2）小组讨论；

（3）管理游戏；

（4）角色扮演。

9. 简述人才测评的作用。

答：人才测评的作用分为对组织所起的作用和对个人所起的作用两个方面。

（1）对组织所起的作用：配置人才资源、推动人才开发、调节人才市场。

（2）对个人所起的作用：促进自我认知、促进个人择业、促进自我发展。

10. 申请表和履历表有哪些区别和联系？

答：履历表主要是关于被测评者背景情况描述的材料，履历表的内容与申请表类似，但履历表记述的内容比申请表更加详细，更加全面。从时间上来说，履历表主要记录的是被测评者过去的情况，而申请表强调的是被测评者当前的素质，因此两者在内容上有所不同。履历表不需要罗列被测评者所有的信息，和申请表一样，履历表项目的选择以与职位要求和工作绩效的相关性为标准。

11. 简述类别量化与模糊量化的区别。

答：类别量化与模糊量化都可以看成二次量化。所谓类别量化，就是把素质测评对象划分到事先确定的几个类别中去，然后为每个类别赋予不同的数字。类别量化的特点是每个测评对象仅属于一个类别，不能同时属于两个以上的类别。模糊量化则要把素质测评对象同时划分到事先确定的每个类别中去，根据该对象的隶属程度分别赋值。模糊量化的特点是每个测评对象同时且必须归属到每个类别中，量化值一般是不大于 1 的正数，是一种实质性量化。

12. 管理人才测评的主要内容有哪些？

答：管理人才测评主要包括人际敏感能力测评、管理变革测评、团队指导技能测评、自我实现测评、人际关系测评、沟通技能测评和基本管理风格测评。

13. 简述结构化面试的特点。

答：结构化面试的特点主要有：

（1）根据工作分析的结构设计面试问题；

（2）向所有的应聘者提出同一类型的问题；

（3）采用系统化的评分程序。

14. 简述面试的概念和特点。

答：面试是一种在特定场景下，经过精心设计，通过测评者与被测评者双方面对面的观察、交谈等双向沟通方式，全面了解被测评者素质特征、能力状况以及求职动机等信息，以确定被测评者是否符合职位要求的一种人员素质测评手段。

其特点主要如下：

（1）面试主要通过对被测评者的外部行为观察来评价其素质；

（2）直观性；

（3）灵活性；

（4）互动性；

（5）主观性。

15. 如何提高面试的效果？

答：（1）问的技巧；

（2）听的技巧；

（3）观的技巧；

（4）评的技巧。

16. 试述人员素质测评的特点。

答：（1）人员素质测评是心理测量而不是物理测量；

（2）人员素质测评是抽样测量而不是具体测量；

（3）人员素质测评是相对测量而不是绝对测量；

（4）人员素质测评是间接测量而不是直接测量。

17. 试述素质测评的主要原则。

答：（1）客观测评与主观测评相结合；

（2）定性测评与定量测评相结合；

（3）静态测评与动态测评相结合；

（4）精确测评与模糊测评相结合；

（5）素质测评与绩效测评相结合；

（6）要素测评与行为测评相结合；

（7）分项测评与综合测评相结合；

（8）素质测评与资源开发相结合。

18. 简述素质测评与绩效测评的关系。

答：（1）素质测评是指对一个人的德、能、体等各要素的测评，是一种对人力资源的测评；而绩效测评则是对实际业绩的考察评定。

（2）素质是取得绩效的条件保证，而绩效是素质高低的事实证明，二者互为表里。

19. 当前素质测评存在哪些方面的不足？

答：（1）信息获取上的问题；

（2）操作技术上的问题；

（3）结果应用上的问题。

20. 如何建立科技人才测评的指标体系？

答：主要从以下几方面考虑：

（1）心理健康；

（2）事业成就欲望；

（3）管理能力；

（4）创新能力；

（5）人际关系；

（6）成长能力；

（7）其他综合因素（包括文化修养、知识结构、智力结构等）。

21. 简述测评内容的标准化步骤。

答：(1) 明确测评的客体与目的；

(2) 确定测评的项目；

(3) 确定测评标准体系结构；

(4) 筛选与表述测评指标；

(5) 确定测评指标权重。

22. 简述面试的主要功能。

答：(1) 可以确认个人简历中的有关信息；

(2) 可以弥补笔试的不足；

(3) 可以考察笔试中难以考察的素质；

(4) 可以灵活、具体地评价被测评者的知识经验、能力品质。

23. 简述评价中心活动的主要步骤。

答：(1) 工作分析；

(2) 情景设计与成功行为特征的搜集；

(3) 评价人员的选择和培训；

(4) 选择恰当的评价技术组合；

(5) 实施测评和观察记分。

24. 简述工作取样法的基本程序。

答：(1) 确定测评目的；

(2) 确定测评的项目并进行分类，决定观测内容、观测时刻、观测次数、观测期间；

(3) 取得观测对象的配合；

(4) 认真做好记录；

(5) 整理观测结果，使其图表化；

(6) 对测试结果进行科学的分析。

25. 简述工作取样法的主要类型。

答：(1) 行为操作型；

(2) 工作相关信息型；

(3) 小组讨论型；

(4) 情景模拟型。

26. 试述面试的主要内容。

答：面试主要包括综合分析能力、言语表达能力、应变能力、计划组织协调能力、人际交往的意识与技巧、自我情绪控制、求职动机与拟任职位的匹配性、举止仪表和专业能力。就一般情况而言，面试的素质测评指标主要包括以下几方面：

（1）仪表风度；

（2）口头表达能力；

（3）综合分析能力；

（4）应变能力和情绪控制能力；

（5）知识面；

（6）工作经验；

（7）工作态度与求职动机；

（8）兴趣爱好。

27. 试述评价中心的特点及情景设计时应遵循的原则。

答：评价中心的特点：

（1）综合性；

（2）情景模拟性；

（3）动态性；

（4）标准化；

（5）全面性。

情景设计时应遵循的原则：

（1）典型性；

（2）相似性；

（3）主题突出。

第二编
综合模拟试卷

四川省高等教育自学考试
人员素质测评理论与方法
模拟试卷（一）

（课程代码　06090）

本试卷共 8 页，满分 100 分；考试时间 150 分钟。

总　分		题　号	一	二	三	四	五	六
核分人		题　分	15	10	15	20	30	10
复查人		得　分						

得 分	评卷人	复查人

一、单项选择题（本大题共 15 小题，每小题 1 分，共 15 分）

在每小题列出的四个备选项中只有一个是符合题目要求的，请将其代码填写在题后的括号内。错选、多选或未选均无分。

1. 所有测评指标的绝对权数之和为总分，而所有测评指标的相对权数之和为（　　）。

A. 0　　B. 1

C. 2　　D. 3

2. 工作分析活动的实质就是要从不同个人职业生涯与职业活动调查入手，顺次分析工作者、职务、职位、职责、任务与要素的过程，并由此确定工作的性质要求与（　　）。

A. 岗位　　B. 任职条件

C. 工作描述　　D. 责任

3. 比例量化不但要求素质测评对象的排列有顺序等距关系，而且还要存在（　　）。

A. 数量关系　　B. 倍数关系

C. 相等关系　　D. 相似关系

4. （　　）是指某一时间内个体所负担的一个或数个责任的集合。

A. 要素　　B. 任务

C. 职位　　D. 职务

5. 人员素质测评主要测评被测者的（　　）。

A. 心理素质　　B. 身体素质

C. 遗传素质　　D. 艺术素质

6. 观察法是由有经验的人记录被观察者某一时期的工作内容、原因和方法而不干扰其工作活动的方法。它主要采取（　　）。

A. 直接观察　　B. 间接观察

C. 计时观察　　D. 计件观察

7. 1938 年默瑞与摩尔根编制了投射测验之一的（　　）。

A. 智力测验　　B. 16 因素测验

C. 主题统觉测验　　D. 墨迹测验

8. 卡特尔 16 因素测验主要用于测量人的（　　）。

A. 智力　　B. 兴趣

C. 性格　　D. 创造力

9. 绩效考评是指考评主体通过一系列测评方法来测量和评价员工在职务上的工作行为和（　　）。

A. 工作动机　　B. 工作效果

C. 工作兴趣　　D. 工作态度

10. 工作分析的结果是形成职位工作规范和（　　）。

A. 职位说明书　　B. 职位工作责任书

C. 职位工作计划书　　D. 职位晋升图

11. 在评价中心的活动中，主试人进行观察评定的是要求考生表现出来的（　　）。

A. 信念　　B. 意识

C. 思想　　D. 行为

12. 在工作情境模拟测评的基础上发展起来的测评形式是（　　）。

A. 心理测验　　B. 面试

C. 纸笔测验　　D. 评价中心

13. 差异系数又称变异系数或变差系数，是标准差与平均数的（　　）。

A. 比值　　B. 和

C. 差　　D. 积

14. 素质测评结果报告的方式，按形式分常见的有口头报告、分数报告、等级报告和（　　）。

A. 分项报告　　B. 综合报告

C. 评语报告　　D. 图表报告

15. 在测评活动中直接得到的分数叫做（　　）。

A. 常模参照性分数　　B. 导出分数

C. 目标参照性分数　　D. 原始分数

得 分	评卷人	复查人

二、多项选择题（本大题共 5 小题，每小题 2 分，共 10 分）

在每小题列出的五个备选项中至少有两个是符合题目要求的，请将其代码填写在题后的括号内。错选、多选、少选或未选均无分。

16. 按测评目的与用途划分，人才测评可分为（　　）。

A. 选拔性测评　　B. 诊断性测评

C. 配置性测评　　D. 鉴定性测评

E. 开发性测评

17. 职业适应性测评包括（　　）。

A. 生活特性测评　　B. 需求测评

C. 职业兴趣测评　　D. 态度测评

E. 智力测评

18. 面试技巧主要包括（　　）。

A. 听　　B. 写

C. 问　　D. 观

E. 评

19. 数据综合的主要方法有（　　）。

A. 累加法　　B. 平均综合法

C. 加权综合法　　D. 连乘综合法

E. 指数连乘法

20. 从近几年面试的实践来看，面试的发展出现的趋势是（　　）。

A. 形式多样化　　B. 内容全面性

C. 面试考官专业化　　D. 面试过程规范化

E. 面试观念的平等性

得 分	评卷人	复查人

三、名词解释题（本大题共 5 小题，每小题 3 分，共 15 分）

21. 人员素质测评

22. 关键事例法

23. 区分度

24. 气质

25. 专业知识笔试

得分	评卷人	复查人

四、判断改错题（本大题共4小题，每小题5分，共20分）

判断正误，在题后的括号内，正确的划上"√"，错误的划上"×"，并改正错误。

26. 人员素质测评主要是对个体心理现象的测量。（ ）

27. 类别量化的测评对象是那些分类界限无法明确且测评者不能完全把握的素质特征。（ ）

28. 德尔菲法是提请专家"背靠背"反复填写对权重设立的意见，不断反馈信息以期专家的意见趋于一致，得出一个较为合理的权重分配方案的方法。它又被称为专家咨询法。（ ）

29. 管理游戏是一种以评价被测评者的实际管理能力的情景模拟活动。（　　）

得 分	评卷人	复查人

五、简答题（本大题共5小题，每小题6分，共30分）

30. 简述人才测评的作用。

31. 申请表和履历表有哪些区别和联系？

32. 简述类别量化与模糊量化的区别。

33. 管理人才测评的主要内容有哪些？

34. 简述结构化面试的特点。

得 分	评卷人	复查人

六、论述题（本大题共1小题，10分）

35. 试述评价中心的主要形式。

四川省高等教育自学考试
人员素质测评理论与方法模拟试卷（一）
参考答案

（课程代码　06090）

一、单项选择题（本大题共 15 小题，每小题 1 分，共 15 分）

1. B　2. B　3. B　4. C　5. A　6. B　7. B　8. C　9. B
10. A　11. D　12. D　13. A　14. C　15. D

二、多项选择题（本大题共 5 小题，每小题 2 分，共 10 分）

16. ABCDE　17. ABC　18. ACDE　19. ABCDE　20. ABCDE

三、名词解释题（本大题共 5 小题，每小题 3 分，共 15 分）

21. 答：人员素质测评是指运用科学的方法，针对某一素质测评目标体系对被测评者的思想品格、智力水平、知识水平、能力结构、个性特点、职业倾向和发展潜能等多种素质进行测量，并作出量或质的判断和评价的一种过程。

22. 答：关键事例法是一种通过对实际工作中特别有效或无效的工作者行为的简短描述，来调查与分析工作的一种方式。

23. 答：区分度是反映测评工具区分应试人心理特征水平的指标。

24. 答：气质是指个体不以活动目的和内容为转移的典型的稳定的心理活动的动力特征，是一个人心理活动在发生速度、灵活性、强度和指向性等方面特征的综合。

25. 答：专业知识笔试又称深度考试，是针对专业人才对知识掌握程度的综合测评考核。

四、判断改错题（本大题共 4 小题，每小题 5 分，共 20 分）

26. √

27. ×

改："类别量化"改为"模糊量化"。

28. √

29. ×

改：角色扮演是一种以评价被测评者的实际管理能力的情景模拟活动。

五、简答题（本大题共5小题，每小题6分，共30分）

30. 答：人才测评的作用分为对组织所起的作用和对个人所起的作用两个方面。

（1）对组织所起的作用：配置人才资源、推动人才开发、调节人才市场。

（2）对个人所起的作用：促进自我认知、促进个人择业、促进自我发展。

31. 答：履历表主要是关于被测评者背景情况描述的材料，履历表的内容与申请表类似，但履历表记述的内容比申请表更加详细，更加全面。从时间上来说，履历表主要记录的是被测评者过去的情况，而申请表强调的是被测者当前的素质，因此两者在内容上有所不同。履历表不需要罗列被测评者所有的信息，和申请表一样，履历表项目的选择以与职位要求和工作绩效的相关性为标准。

32. 答：类别量化与模糊量化都可以看成二次量化。所谓类别量化，就是把素质测评对象划分到事先确定的几个类别中去，然后每个类别都赋予不同的数字。类别量化的特点是每个测评对象仅属于一个类别，不能同时属于两个以上的类别。模糊量化则要把素质测评对象同时划分到事先确定的每个类别中去，根据该对象的隶属程度分别赋值。模糊量化的特点是每个测评对象同时且必须归属到每个类别中，量化值一般是不大于1的正数，是一种实质性量化。

33. 答：管理人才测评主要包括人际敏感能力测评、管理变革测评、团队指导技能测评、自我实现测评、人际关系测评、沟通技能测评和基本管理风格测评。

34. 答：结构化面试的特点主要如下：

（1）根据工作分析的结构设计面试问题；

（2）向所有的应聘者提出同一类型的问题；

（3）采用系统化的评分程序。

六、论述题（本大题共1小题，10分）

35. 答：评价中心是以考察管理者素质为中心的一组规范化的测评活动。

（1）公文处理：主试人观察测评被测者在公文的办理以及拟写和制作过程中

对文件处理是否有轻重缓急之分，是有条不紊地处理并适当地请示上级或授权下属，还是拘泥于细节，杂乱无章地处理，从而考察被测者的管理素质。

（2）小组讨论：分有角色小组讨论和无角色小组讨论，用小组讨论的方式测评管理者的领导技能。

（3）管理游戏：一种以完成某种“实际工作任务”为基础的标准化模拟活动，主要测评被试者实际的管理能力。

（4）角色扮演：一种以评价被测评者人际关系处理能力的情景模拟活动。

四川省高等教育自学考试
人员素质测评理论与方法
模拟试卷（二）

（课程代码　06090）

本试卷共 8 页，满分 100 分；考试时间 150 分钟。

总　分		题　号	一	二	三	四	五	六
核分人		题　分	15	10	15	20	30	10
复查人		得　分						

得 分	评卷人	复查人

一、单项选择题（本大题共士 5 小题，每小题 1 分，共 15 分）

在每小题列出的四个备选项中只有一个是符合题目要求的，请将其代码填写在题后的括号内。错选、多选或未选均无分。

1. 人员素质测评主要测评被测者的（　　）。

A. 心理素质　　B. 身体素质

C. 遗传素质　　D. 艺术素质

2. 等距量化要求任何两个素质测评对象间的差异（　　）。

A. 相等　　B. 不相等

C. 相反　　D. 相似

3. （　　）是指某一时间内个体所负担的一个或数个责任的集合。

A. 要素　　B. 任务

C. 职位　　D. 职务

4. 测评指标权重的数量表示即为权数，相对权数是指某个测评指标作为一个单位在总体中的（　　）。

A. 积　　B. 差

C. 和　　D. 比重值

5. 观察法主要采取（　　）。

A. 直接观察　　B. 间接观察

C. 计时观察　　D. 计件观察

6. 1938 年默瑞与摩尔根编制了投射测验之一的（　　）。

A. 智力测验　　B. 16 因素测验

C. 主题统觉测验　　D. 墨迹测验

7. 下列测评方式中，信息沟通渠道最多的是（　　）。

A. 笔试　　B. 心理测验

C. 面试　　D. 投射法

8. 南加利福尼亚大学测验主要用于（　　）。

A. 个性测验　　B. 智力测验

C. 技能技巧测验　　D. 创造力测验

9. 工作分析的结果是形成职位工作规范和（　　）。

A. 职位说明书　　B. 职位工作责任书

C. 职位工作计划书　　D. 职位晋升图

10. 绩效考评是指考评主体通过一系列测评方法来测量和评价员工在职务上的工作行为与（　　）。

A. 工作动机　　B. 工作效果

C. 工作兴趣　　D. 工作态度

11. 罗夏墨迹测验创立于（　　）。

A. 1908 年　　B. 1921 年

C. 1936 年　　D. 1941 年

12. 在工作情境模拟测评的基础上发展起来的测评形式是（　　）。

A. 心理测验　　B. 面试

C. 纸笔测验　　D. 评价中心技术

13. 差异系数又称变异系数或变差系数，是标准差与平均数的（　　）。

A. 比值　　B. 和

C. 差　　D. 积

14. 素质测评结果报告的方式，按形式分为口头报告、分数报告、等级报告和（　　）。

A. 分项报告　　B. 综合报告

C. 评语报告　　D. 图表报告

15. 在测评活动中直接得到的分数叫做（　　）。

A. 常模参照性分数　　B. 导出分数

C. 目标参照性分数　　D. 原始分数

得 分	评卷人	复查人

二、多项选择题（本大题共 5 小题，每小题 2 分，共 10 分）

在每小题列出的五个备选项中至少有两个是符合题目要求的，请将其代码填写在题后的括号内。错选、多选、少选或未选均无分。

16. 质化（定性）样本抽样方法主要有（　　）。

A. 随意抽样　　B. 配额抽样

C. 立意抽样　　D. 雪球抽样

E. 理论抽样

17. 权重的确定方法有（　　）。

A. 德尔菲法　　B. 层次分析法

C. 多元分析法　　D. 主观经验法

E. 观察法

18. 从评价中心活动的内容来看，主要有（　　）。

A. 公文处理　　B. 管理游戏

C. 无领导小组讨论　　D. 有领导小组讨论

E. 角色扮演

19. 面试的基本提问方式有（　　）。

A. 封闭式　　B. 开放式

C. 引导式　　D. 假设式

E. 举例式

20. 人员素质测评的类型按不同的标准有不同的划分，从测评结果来看，可分为（　　）。

A. 分数测评　　B. 评语测评

C. 登记测评　　D. 符号测评

E. 定期测评

得 分	评卷人	复查人

三、名词解释题（本大题共 5 小题，每小题 3 分，共 15 分）

21. 一次量化

22. 气质

23. 角色扮演

24. 察举制

25. 考核性测评

得 分	评卷人	复查人

四、判断改错题（本大题共 4 小题，每小题 5 分，共 20 分）

判断正误，在题后的括号内，正确的划上“√”，错误的划上“×”，并改正错误。

26. 人员素质测评与人才素质测评在测评理论、方法与技术上是相同的。 （ ）

27. 心理学研究表明，个体相互间是有差异的，这种差异不仅表现在生理、性别和外貌上，而且还更多地体现在知识能力方面。 （ ）

28. 典型的结构化面试的目的是要把被试者考倒，以此考察其机智程度、应变能力、压力承受能力以及情绪稳定性等心理素质。 （ ）

29. 管理游戏是一种以评价被测评者人际关系处理能力的情景模拟活动。

（　　）

得 分	评卷人	复查人

五、简答题（本大题共5小题，每小题6分，共30分）

30. 简述人才测评的功能。

31. 简述管理人才测评的主要内容。

32. 简述专业知识笔试的层次。

33. 简述面试的概念和特点。

34. 简述素质测评与绩效测评的关系。

得 分	评卷人	复查人

六、论述题（本大题共 1 小题，10 分）

35. 试述评价中心的特点及情景设计时应遵循的原则。

四川省高等教育自学考试
人员素质测评理论与方法模拟试卷（二）
参考答案

（课程代码　06090）

一、单项选择题（本大题共 15 小题，每小题 1 分，共 15 分）

1. A　2. A　3. C　4. D　5. A　6. C　7. C　8. D　9. A
10. B　11. B　12. D　13. A　14. C　15. D

二、多项选择题（本大题共 5 小题，每小题 2 分，共 10 分）

16. ABCDE　17. ABCD　18. ABCDE　19. ABCDE　20. ABCD

三、名词解释题（本大题共 5 小题，每小题 3 分，共 15 分）

21. 答：一次量化指对素质评价的对象进行直接的定量刻画。

22. 答：气质是指个体不以活动目的和内容为转移的典型的、稳定的心理活动的动力特性。

23. 答：角色扮演是一种主要用于测评人际关系处理能力的情景模拟活动。

24. 答：察举制是指在汉代实行的一种自下而上的选拔人才的制度。

25. 答：考核性测评是以鉴定与验证某种素质是否具备或具备程度大小为目的的素质测评。

四、判断改错题（本大题共 4 小题，每小题 5 分，共 20 分）

26. √

27. √

28. ×

改：典型的压力面试的目的是要把被试者考倒，以此考察其机智程度、应变能力、压力承受能力以及情绪稳定性等心理素质。

29. ×

改：管理游戏是对被测评者实际管理能力的一种测评方法。

五、简答题（本大题共5小题，每小题6分，共30分）

30. 答：

（1）甄别和评定功能；

（2）诊断和反馈功能；

（3）预测和激励功能。

31. 答：（1）人际敏感能力测评；

（2）管理变革测评；

（3）团队指导技能测评；

（4）自我实现测评；

（5）人际关系测评；

（6）沟通技能测评。

32. 答：（1）基础知识记忆；

（2）专业知识理解；

（3）综合知识全面运用。

33. 答：面试是一种在特定场景下，经过精心设计，通过测评者与被测评者双方面对面的观察、交谈等双向沟通方式，全面了解被测评者素质特征、能力状况以及求职动机等信息，以确定被测评者是否符合职位要求的一种人员素质测评手段。

面试的特点表现在面试主要通过对被测评者的外部行为观察来评价其素质，具有直观性、灵活性、互动性和主观性。

34. 答：素质测评是对一个人德、能、识、体的要素测评，而绩效考评是一种业绩实效的考查评定，素质与绩效互为表里。素质是取得绩效的条件保证，而绩效是素质高低的事实证明，因此应从素质测评中预测绩效，从绩效考评中来验证素质。

六、论述题（本大题共1小题，10分）

35. 答：评价中心的特点：

（1）综合性；

（2）情景模拟性；

（3）动态性；

（4）标准化；

（5）全面性。

情景设计时应遵循的原则：

（1）典型性；

（2）相似性；

（3）主题突出。

四川省高等教育自学考试
人员素质测评理论与方法
模拟试卷（三）

（课程代码 06090）

本试卷共 8 页，满分 100 分；考试时间 150 分钟。

总 分		题 号	一	二	三	四	五	六
核分人		题 分	15	10	15	16	30	14
复查人		得 分						

得 分	评卷人	复查人

一、单项选择题（本大题共 15 小题，每小题 1 分，共 15 分）

在每小题列出的四个备选项中只有一个是符合题目要求的，请将其代码填写在题后的括号内。错选、多选或未选均无分。

1. 人员素质测评主要测评被测者的（　　）。

A. 心理素质　　B. 身体素质

C. 遗传素质　　D. 艺术素质

2. 等距量化不但要求素质测评对象的排列有强弱、大小、先后等顺序的关系，而且要求任何两个素质测评对象间的差异（　　）。

A. 相等　　B. 不相等

C. 相反　　D. 相似

3. “江山易改，禀性难移”说明非常稳定的是人的（　　）。

A. 个性　　B. 性格

C. 气质　　D. 态度

4. 相对权数是指某个测评指标在总体中的（　　）。

A. 积　　B. 差

C. 和　　D. 比重值

5. 观察法主要采取（　　）。

A. 直接观察　　B. 间接观察

C. 计时观察　　D. 计件观察

6. 罗夏墨迹测验创立于（　　）。

A. 1908 年　　B. 1921 年

C. 1936 年　　D. 1941 年

7. 下列测评方式中，信息沟通渠道最多的是（　　）。

A. 笔试　　B. 心理测验

C. 面试　　D. 投射法

8. 主要用于测量人的性格的心理测验是（　　）。

A. 比奈-西蒙量表　　B. 明尼苏达操作速度测验

C. 卡特尔 16 因素测验　　D. 南加利福尼亚大学测验

9. 绩效考评是指考评主体通过一系列测评方法来测量和评价员工在职务上的工作行为与（　　）。

A. 工作动机　　B. 工作效果

C. 工作兴趣　　D. 工作态度

10. 工作分析的结果是形成职位工作规范和（　　）。

A. 职位说明书　　B. 职位工作责任书

C. 职位工作计划书　　D. 职位晋升图

11. 在评价中心的活动中，主试人进行观察评定的是考生表现出来的（　　）。

A. 信念　　B. 意识

C. 思想　　D. 行为

12. 在工作情境模拟测评的基础上发展起来的测评形式是（　　）。

A. 心理测验　　B. 面试

C. 纸笔测验　　D. 评价中心

13. 评价中心主要测评人的（　　）。

A. 操作能力　　B. 管理能力

C. 技能水平　　　　D. 艺术素质

14. 素质测评结果报告的方式，按形式划分有口头报告、分数报告、等级报告和（　　）。

A. 分项报告　　　　B. 综合报告

C. 评语报告　　　　D. 图表报告

15. 在测评活动中直接得到的分数叫做（　　）。

A. 常模参照性分数　　　　B. 导出分数

C. 目标参照性分数　　　　D. 原始分数

得 分	评卷人	复查人

二、多项选择题（本大题共5小题，每小题2分，共10分）

在每小题列出的五个备选项中至少有两个是符合题目要求的，请将其代码填写在题后的括号内。错选、多选、少选或未选均无分。

16. 我国古代纸笔测验的典型形式有（　　）。

A. 墨文　　　　B. 策试

C. 试帖诗　　　　D. 八股文

E. 对偶

17. 职业适应性测评包括（　　）。

A. 生活特性测评　　　　B. 需求测评

C. 职业兴趣测评　　　　D. 态度测评

E. 智力测评

18. 权重的确定方法有（　　）。

A. 德尔菲法　　　　B. 层次分析法

C. 多元分析法　　　　D. 主观经验法

E. 观察法

19. 数据综合的主要方法有（　　）。

A. 累加法　　　　B. 平均综合法

C. 加权综合法　　　　D. 连乘综合法

E. 指数连乘法

20. 面试的基本提问方式有（　　）。

A. 封闭式　　B. 开放式

C. 引导式　　D. 假设式

E. 举例式

得 分	评卷人	复查人

三、名词解释题（本大题共 5 小题，每小题 3 分，共 15 分）

21. 考核性测评

22. 描述型效度

23. 工作者自我记录法

24. 晕轮效应

25. 角色扮演

得 分	评卷人	复查人

四、判断改错题（本大题共 4 小题，每小题 4 分，共 16 分）

判断正误，在题后的括号内，正确的划上“√”，错误的划上“×”，并改正错误。

26. 心理学研究表明，个体相互间是有差异的，这种差异不仅表现在生理、性别和外貌，而且还更多地体现在知识能力方面。（　　）

27. 权重确定法中，德尔菲法是指请专家“背靠背”反复讨论填写对权重设立的意见，不断反馈信息以期专家意见趋于一致，从而得出一个较为合理的权重分配方案的方法。（　　）

28. 典型的结构化面试的目的是要把被试考倒，以此考察其机智程度、应变能力、压力承受能力以及情绪稳定性等心理素质。（　　）

29. 评价中心的情境设计应注意相似性，是指所设计的情境应该和拟聘职位的工作实际具有高度的相似性。（　　）

得 分	评卷人	复查人

五、简答题（本大题共5小题，每小题6分，共30分）

30. 简述工作分析活动的实质。

31. 态度由哪几种心理成分构成?

32. 简述类别量化与模糊量化的区别。

33. 简述管理人才测评的主要内容。

34. 简述评价中心的概念和主要形式。

得 分	评卷人	复查人

六、综合题（本大题共 1 小题，14 分）

35. 某大型外资饭店准备招聘一名餐厅部经理，请你针对素质考核项目编制一份面试的问话提纲（包括评价要点和提问要点）。

四川省高等教育自学考试
人员素质测评理论与方法模拟试卷（三）
参考答案

（课程代码　06090）

一、单项选择题（本大题共15小题，每小题1分，共15分）

1. A　2. A　3. A　4. D　5. A　6. B　7. C　8. C　9. B
10. A　11. D　12. D　13. B　14. C　15. D

二、多项选择题（本大题共5小题，每小题2分，共10分）

16. ABCD　17. ABC　18. ABCD　19. ABCDE　20. ABCDE

三、名词解释题（本大题共5小题，每小题3分，共15分）

21. 答：考核性测评是以鉴定与验证某种素质是否具备或具备程度大小为目的的素质测评。

22. 答：描述型效度是指对外在可观察到的现象或事物进行描述的准确程度。

23. 答：工作者自我记录法是由工作者本人按标准格式及时详细记录自己在工作中的行为与感觉的方法。

24. 答：晕轮效应是指某人或某事由于其突出的特征留下了深刻的印象而忽视了其他的心理和行为的品质的现象。

25. 角色扮演是一种主要用于测评人际关系处理能力的情景模拟活动。

四、判断改错题（本大题共4小题，每小题4分，共16分）

26. ×

改：“知识能力”改为“心理”。

27. √

28. ×

改：“结构化”改为“压力”。

29. √

五、简答题（本大题共5小题，每小题6分，共30分）

30. 答：工作分析活动的实质就是要从不同个人职业生涯与职业活动的调查入手，顺次分析工作者、职务、职位、职责、任务与要素的过程，并由此确定工作的性质要求与任职条件。

31. 答：态度由认知因素、情感因素和意向因素三项心理成分构成。

32. 答：（1）类别量化的测评对象是那些分类界限明确且测评者能完全把握的素质特征；

（2）模糊量化的测评对象是那些分类界限无法明确且测评者不能完全把握的素质特征。

33. 答：（1）人际敏感能力测评；

（2）管理变革测评；

（3）团队指导技能测评；

（4）自我实现测评；

（5）人际关系测评；

（6）沟通技能测评。

34. 答：评价中心是以考察管理者素质为中心的一组规范化的测评活动。

评价中心的主要形式如下：

（1）公文处理；

（2）小组讨论；

（3）管理游戏；

（4）角色扮演。

六、综合题（本大题共1小题，14分）

35. 答：

一、管理能力

（1）餐厅管理工作的主要内容有哪些？

（2）如何应对故意找茬的客人？

二、教育背景与专业知识

（1）什么专业毕业？

（2）是否接受过相关职业培训？

（3）外语水平如何？

三、工作经验与动机

（1）毕业后的第一份工作是什么？

（2）简述工作中的成功案例。

（3）什么原因导致其离开原单位？

（以上问题适当阐述）

四川省高等教育自学考试
人员素质测评理论与方法
模拟试卷（四）

（课程代码　06090）

本试卷共8页，满分100分；考试时间150分钟。

总　分		题　号	一	二	三	四	五	六
核分人		题　分	15	10	15	16	30	14
复查人		得　分						

得 分	评卷人	复查人

一、单项选择题（本大题共15小题，每小题1分，共15分）

在每小题列出的四个备选项中只有一个是符合题目要求的，请将其代码填写在题后的括号内。错选、多选或未选均无分。

1. 比例量化要求素质测评对象的排列不仅有顺序等距关系，而且还要存在（　　）。

A. 数量关系　　B. 倍数关系

C. 相等关系　　D. 相似关系

2. 某一时间内个体负担的一个或数个责任的集合叫做（　　）。

A. 要素　　B. 任务

C. 职位　　D. 职务

3. 相对权数是指某个测评指标作为一个单位，它在总体中的（　　）。

A. 积　　B. 差

C. 和　　D. 比重值

4. 观察法是由有经验的人记录被观察者某一时期的工作内容、原因和方法而不干扰其工作活动。它主要采取（　　）。

A. 直接观察　　B. 间接观察

C. 计时观察　　D. 计件观察

5. 1938 年默瑞与摩尔根编制了投射测验之一的（　　）。

A. 智力测验　　B. 16 因素测验

C. 主题统觉测验　　D. 墨迹测验

6. 明尼苏达办事员能力测验属于（　　）。

A. 运动技能倾向测验　　B. 机械倾向测验

C. 技能技巧测验　　D. 文书能力测验

7. 下列测评方式中，信息沟通渠道最多的是（　　）。

A. 笔试　　B. 心理测验

C. 面试　　D. 投射法

8. 吉尔福特编制的南加利福尼亚大学测验主要用于测验人的（　　）。

A. 性格　　B. 创造力

C. 气质　　D. 态度

9. 工作分析的结果是形成职位工作规范和（　　）。

A. 职位说明书　　B. 职位工作责任书

C. 职位工作计划书　　D. 职位晋升图

10. 绩效考评是指考评主体通过一系列测评方法来测量和评价员工在职务上的工作行为和（　　）。

A. 工作动机　　B. 工作效果

C. 工作兴趣　　D. 工作态度

11. 在评价中心的活动中，主试人观察评定的是考生表现出来的（　　）。

A. 信念　　B. 意识

C. 思想　　D. 行为

12. 在工作情境模拟测评的基础上发展起来的测评形式是（　　）。

A. 心理测验　　B. 面试

C. 纸笔测验　　D. 评价中心

13. 差异系数又称变异系数或变差系数，是标准差与平均数的（　　）。

A. 比值　　B. 和

C. 差　　D. 积

14. 素质测评结果报告的方式，按形式分常见的有口头报告、分数报告、等级报告和（　　）。

A. 分项报告　　B. 综合报告

C. 评语报告　　D. 图表报告

15. 在测评活动中根据被测评者的总体水平给出的分数叫做（　　）。

A. 常模参照性分数　　B. 导出分数

C. 目标参照性分数　　D. 原始分数

得 分	评卷人	复查人

二、多项选择题（本大题共5小题，每小题2分，共10分）

在每小题列出的五个备选项中至少有两个是符合题目要求的，请将其代码填写在题后的括号内。错选、多选、少选或未选均无分。

16. 质化（定性）样本抽样方法主要有（　　）。

A. 随意抽样　　B. 配额抽样

C. 立意抽样　　D. 雪球抽样

E. 理论抽样

17. 权重的种类主要有（　　）。

A. 简单加权　　B. 综合加权

C. 纵向加权　　D. 横向加权

E. 回归加权

18. 按测评目的与用途划分，人才测评可分为（　　）。

A. 选拔性测评　　B. 诊断性测评

C. 配置性测评　　D. 鉴定性测评

E. 开发性测评

19. 从近几年面试的实践来看，面试的发展趋势是（　　）。

A. 形式多样化　　B. 内容全面性

C. 面试考官专业化　　D. 面试过程规范化

E. 面试观念的平等性

20. 数据综合的主要方法有（　　）。

A. 累加法　　B. 平均综合法
C. 加权综合法　　D. 连乘综合法
E. 指数连乘法

得 分	评卷人	复查人

三、名词解释题（本大题共 5 小题，每小题 3 分，共 15 分）

21. 一次量化

22. 面试

23. 角色扮演

24. 理论型效度

25. 考核性测评

得 分	评卷人	复查人

四、判断改错题（本大题共4小题，每小题4分，共16分）

判断正误，在题后的括号内，正确的划上“√”，错误的划上“×”，并改正错误。

26. 评价中心的情境设计应注意相似性，是指设计的情境应该和拟聘职位的工作实际具有高度的相似性。（　　）

27. 典型的压力面试的目的是要把被试者考倒，以此考察其机智程度、应变能力、压力承受能力以及情绪稳定性等心理素质。（　　）

28. 管理游戏是一种以评价被测评者人际关系处理能力的情景模拟活动。（　　）

29. 类别量化的测评对象是那些分类界限无法明确且测评者不能完全把握的素质特征。（　　）

得 分	评卷人	复查人

五、简答题（本大题共5小题，每小题6分，共30分）

30. 简述人才测评的功能。

31. 简述管理人才测评的主要内容。

32. 简述人员配置的经验原型的弊端。

33. 简述工作分析的主要方法。

34. 简述公文处理的评价标准。

得 分	评卷人	复查人

六、论述题（本大题共 1 小题，14 分）

35. 试述面试的主要内容。

四川省高等教育自学考试
人员素质测评理论与方法模拟试卷（四）
参考答案

（课程代码　06090）

一、单项选择题（本大题共 15 小题，每小题 1 分，共 15 分）

1. B　2. C　3. D　4. B　5. C　6. D　7. C　8. B　9. B
10. B　11. D　12. D　13. A　14. C　15. A

二、多项选择题（本大题共 5 小题，每小题 2 分，共 10 分）

16. ABCDE　17. BCD　18. ABCDE　19. ABCDE　20. ABCDE

三、名词解释题（本大题共 5 小题，每小题 3 分，共 15 分）

21. 答：一次量化是指对素质评价的对象进行直接的定量刻画。

22. 答：面试是一种在特定场景下，通过测评者与被测评者双方面对面的观察、交谈等双向沟通方式，全面了解被测评者素质特征、能力状况以及求职动机等信息的测评手段。

23. 答：角色扮演是一种以评价被测评者人际关系处理能力的情景模拟活动。

24. 答：理论型效度是指研究依据的理论与从研究结果中建立起来的理论是否真实地反映了研究的现象。

25. 答：考核性测评是以鉴定与验证某种素质是否具备或具备程度大小为目的的素质测评方法。

四、判断改错题（本大题共 4 小题，每小题 4 分，共 16 分）

26. √

27. √

28. ×

改：管理游戏是对被测评者实际管理能力的一种测评方法。

29. ×

改：类别量化的测评对象是那些分类界限明确且测评者能完全把握的素质特征。

五、简答题（本大题共5小题，每小题6分，共30分）

30. 答：（1）甄别和评定功能；

（2）诊断和反馈功能；

（3）预测和激励功能。

31. 答：（1）人际敏感能力测评；

（2）管理变革测评；

（3）团队指导技能测评；

（4）自我实现测评；

（5）人际关系测评；

（6）沟通技能测评。

32. 答：（1）过度依赖人力资源管理者的经验；

（2）效率低、效果差，不适用于规模较大的组织；

（3）因为人力资源管理者更换，容易导致人员配置工作缺乏连续性。

33. 答：（1）观察法；

（2）工作者自我记录法；

（3）主管人员分析法；

（4）访谈法；

（5）关键事例法；

（6）问卷调查法。

34. 答：（1）被测评者对公文分类的能力；

（2）能否适当地请示上级或授权下属；

（3）处理过程中能否按照公文的重要程度有条不紊地进行。

六、论述题（本大题共1小题，14分）

35. 答：面试内容是指面试需要测评的主要素质指标。面试主要包括以下几个方面：

（1）仪表风度；

（2）口头表达能力；

（3）综合分析能力；

（4）应变能力和情绪控制力；

（5）知识面；

（6）工作经验；

（7）工作态度与求职动机；

（8）兴趣爱好。

第三编
近年自考试题汇编

四川省2015年1月高等教育自学考试
人员素质测评理论与方法试卷

（课程代码 06090）

本试卷共8页，满分100分；考试时间150分钟。

总 分		题 号	一	二	三	四	五	六
核分人		题 分	15	10	15	16	30	14
复查人		得 分						

得 分	评卷人	复查人

一、单项选择题（本大题共15小题，每小题1分，共15分）

在每小题列出的四个备选项中只有一个是符合题目要求的，请将其代码填写在题后的括号内。错选、多选或未选均无分。

1. 所有测评指标的绝对权数之和为总分，而所有测评指标的相对权数之和为（　　）。

A. 0　　B. 1

C. 2　　D. 3

2. 工作分析活动的实质就是要从不同个人职业生涯与职业活动的调查入手，顺次分析工作者、职务、职位、职责、任务与要素的过程，并由此确定工作的性质要求与（　　）。

A. 岗位　　B. 任职条件

C. 工作描述　　D. 责任

3. 比例量化要求素质测评对象的排列不仅有顺序等距关系，而且还要存在（　　）。

A. 数量关系　　B. 倍数关系
C. 相等关系　　D. 相似关系

4. 某一时间内个体所负担的一个或数个责任的集合叫（　　）。
A. 要素　　B. 任务
C. 职位　　D. 职务

5. 面试测评被测者的素质主要是观察其（　　）。
A. 行为　　B. 智力
C. 技能　　D. 需要

6. 观察法是由有经验的人记录被观察者某一时期的工作内容、原因和方法而不干扰其工作的活动。观察法主要采取（　　）。
A. 直接观察　　B. 间接观察
C. 计时观察　　D. 计件观察

7. 主要用于测量人的创造力的心理测验是（　　）。
A. 比奈-西蒙量表　　B. 明尼苏达操作速度测验
C. 卡特尔 16 因素测验　　D. 南加利福尼亚大学测验

8. 明尼苏达办事员能力测验属于（　　）。
A. 运动技能倾向测验　　B. 机械倾向测验
C. 技能技巧测验　　D. 文书能力测验

9. 绩效考评是指考评主体通过一系列测评方法来测量和评价员工在职务上的工作行为与（　　）。
A. 工作动机　　B. 工作效果
C. 工作兴趣　　D. 工作态度

10. 工作分析的结果是形成职位工作规范和（　　）。
A. 职位说明书　　B. 职位工作责任书
C. 职位工作计划书　　D. 职位晋升图

11. 在评价中心的活动中，主试人进行观察评定的是考生表现出来的（　　）。
A. 信念　　B. 意识
C. 思想　　D. 行为

12. 在工作情境模拟测评的基础上发展起来的测评形式是（　　）。
A. 心理测验　　B. 面试
C. 纸笔测验　　D. 评价中心

13. 差异系数又称变异系数或变差系数，是标准差与平均数的（　　）。

A. 比值　　B. 和

C. 差　　D. 积

14. 素质测评结果报告的方式，按形式分类常见的有口头报告、分数报告、等级报告和（　　）。

A. 分项报告　　B. 综合报告

C. 评语报告　　D. 图表报告

15. 在测评活动中依据测评指标本身得出的分数叫做（　　）。

A. 常模参照性分数　　B. 导出分数

C. 目标参照性分数　　D. 原始分数

得 分	评卷人	复查人

二、多项选择题（本大题共5小题，每小题2分，共10分）

在每小题列出的五个备选项中至少有两个是符合题目要求的，请将其代码填写在题后的括号内。错选、多选、少选或未选均无分。

16. 质化（定性）样本抽样方法主要有（　　）。

A. 随意抽样　　B. 配额抽样

C. 立意抽样　　D. 雪球抽样

E. 理论抽样

17. 权重的确定方法有（　　）。

A. 德尔菲法　　B. 层次分析法

C. 多元分析法　　D. 主观经验法

E. 观察法

18. 人员素质测评的类型按不同的标准有不同的划分，从测评时间来看，可分为（　　）。

A. 定期测评　　B. 不定期测评

C. 日常测评　　D. 单项测评

E. 综合测评

19. 依面试的侧重点分类，面试可分为（　　）。

A. 常规面试　　B. 情景面试

C. 压力面试　　D. 行为描述式面试

E. 小组面试

20. 情境设计应做到（　　）。

A. 相似性　　B. 典型性

C. 主题突出　　D. 随意性

E. 静态性

得 分	评卷人	复查人

三、名词解释题（本大题共 5 小题，每小题 3 分，共 15 分）

21. 一次量化

22. 察举制

23. 职业生涯

24. 气质

25. 结构化面试

得分	评卷人	复查人

四、判断改错题（本大题共4小题，每小题4分，共16分）

判断正误，在题后的括号内，正确的划上“√”，错误的划上“×”，并改正错误。

26. 人员素质测评主要是对个体心理现象的测量。（　　）

27. 特定的时空条件下，每个人所能承担的工作角色不是特定的。（　　）

28. 尽管人员素质测评与人才素质测评所指向的范围不同，但它们在测评理论、方法和技术上却是相同的。（　　）

29. 管理游戏是一种以评价被测评者人际关系处理能力的情景模拟活动。（　　）

得 分	评卷人	复查人

五、简答题（本大题共5小题，每小题6分，共30分）

30. 简述素质的分类。

31. 简述工作分析的主要方法。

32. 申请表和履历表有哪些区别和联系？

33. 简述专业知识笔试的层次。

34. 简述公文处理的评价标准。

得 分	评卷人	复查人

六、论述题（本大题共 1 小题，14 分）

35. 试述评价中心失败的主要原因。

四川省2015年1月高等教育自学考试
人员素质测评理论与方法试卷
参考答案

（课程代码　06090）

一、单项选择题（本大题共15小题，每小题1分，共15分）

1. B　2. B　3. B　4. C　5. A　6. A　7. D　8. D　9. B
10. A　11. D　12. D　13. A　14. C　15. C

二、多项选择题（本大题共5小题，每小题2分，共10分）

16. ABCDE　17. ABCD　18. ABC　19. ABCD　20. ABC

三、名词解释题（本大题共5小题，每小题3分，共15分）

21. 答：一次量化是指对素质评价的对象进行直接的定量刻画。

22. 答：察举制是指在汉代实行的一种自下而上的选拔人才的制度。

23. 答：职业生涯是指一个人在其生活中所经历的一系列职位、职务或职业的总称。

24. 答：气质是指个体不以活动目的和内容为转移的典型的、稳定的心理活动的动力特性。

25. 答：结构化面试是根据制定的评价指标，运用特定的问题、评价方法和评价标准，严格遵循特定程序，通过测评人员与应聘者面对面的言语交流，对应聘者进行评价的标准化过程。

四、判断改错题（本大题共4小题，每小题4分，共16分）

26. √（4分）

27. ×（2分）

改：特定的时空条件下，每个人所能承担的工作角色是特定的（2分）

28. √（4分）

29. ×（2 分）

改：管理游戏是一种以完成某种“实际工作任务”为基础的标准化模拟活动，主要测评被试者实际的管理能力（2 分）。

五、简答题（本大题共 5 小题，每小题 6 分，共 30 分）

30. 答：自然素质（2 分）、心理素质（2 分）、社会素质（2 分）。

31. 答：（1）观察法（1 分）；

（2）工作者自我记录法（1 分）；

（3）主管人员分析法（1 分）；

（4）访谈法（1 分）；

（5）关键事例法（1 分）；

（6）问卷调查法（1 分）。

32. 答：（1）履历表的内容与申请表类似，但履历表的内容更详细（2 分）；

（2）履历表主要记录被测者过去的情况，申请表强调被测者当前的素质（2 分）；

（3）履历表项目的选择以与职位要求和工作绩效的相关性为标准（2 分）。

33. 答：（1）基础知识记忆（2 分）；

（2）专业知识理解（2 分）；

（3）综合知识全面运用（2 分）。

34. 答：（1）被测评者对公文分类的能力（2 分）；

（2）能否适当地请示上级或者授权下属（2 分）；

（3）处理过程中能否按照公文的重要程度有条不紊地进行（2 分）。

六、论述题（本大题共 1 小题，14 分）

35. 答：（1）工作分析不充分（2 分）；

（2）情景设计不科学（2 分）；

（3）测评者培训不充分（2 分）；

（4）行为记录和评分不够规范（2 分）；

（5）得不到高层主观的支持与帮助（2 分）。

（适当阐述得 4 分。）

四川省 2016 年 1 月高等教育自学考试 人员素质测评理论与方法试卷

（课程代码 06090）

本试卷共 8 页，满分 100 分；考试时间 150 分钟。

总 分		题 号	一	二	三	四	五
核分人		题 分	20	10	20	30	20
复查人		得 分					

得 分	评卷人	复查人

一、单项选择题（本大题共 20 小题，每小题 1 分，共 20 分）

在每小题列出的四个备选项中只有一个是符合题目要求的，请将其代码填写在题后的括号内。错选、多选或未选均无分。

1. 比例量化要求素质测评对象的排列有顺序等距关系，而且还要存在（　　）。

A. 数量关系　　B. 倍数关系

C. 相等关系　　D. 相似关系

2. 指某一时间内个体所负担的一个或数个责任的集合的是（　　）。

A. 要素　　B. 任务

C. 职位　　D. 职务

3. 相对权数是指某个测评指标作为一个单位，它在总体中的（　　）。

A. 积　　B. 差

C. 和　　D. 比重值

4. 德尔菲法又称为（　　）。

A. 层次分析法　　B. 多元分析法

C. 专家咨询法　　D. 主观经验法

5. 观察法是由有经验的人记录被观察者某一时期的工作内容、原因和方法而不干扰其工作活动。它主要采取（　　）。

A. 直接观察　　B. 间接观察

C. 计时观察　　D. 计件观察

6. 罗夏墨迹测验由瑞士精神病学家罗夏创立于（　　）。

A. 1906 年　　B. 1921 年

C. 1938 年　　D. 1941 年

7. 托兰斯测验主要用于测量人的（　　）。

A. 文书能力　　B. 运动能力

C. 创造能力　　D. 智力水平

8. 下列测评方式中，测评效率最高的是（　　）。

A. 笔试　　B. 心理测验

C. 面试　　D. 投射法

9. 工作分析的结果是形成职位工作规范和（　　）。

A. 职位说明书　　B. 职位工作责任书

C. 职位工作计划书　　D. 职位晋升图

10. 评价中心主要是测评被测者的（　　）。

A. 操作能力　　B. 管理素质

C. 技能水平　　D. 艺术特长

11. 绩效考评是指考评主体通过一系列测评方法来测量和评价员工在职务上的工作行为与（　　）。

A. 工作动机　　B. 工作效果

C. 工作兴趣　　D. 工作态度

12. 首次提出智商概念的量表是（　　）。

A. 比奈-西蒙量表　　B. 韦克斯勒量表

C. 16 种个性因素量表　　D. 斯坦福-比奈量表

13. 吉尔福特编制的南加利福尼亚大学测验主要用于测验人的（　　）。

A. 性格　　B. 创造力

C. 气质　　D. 态度

14. 韦克斯勒量表主要用于测量人的（　　）。

A. 能力　　B. 性格

C. 气质　　D. 智力

15. 在工作情境模拟测评的基础上发展起来的测评形式是（　　）。

A. 心理测验　　B. 面试

C. 纸笔测验　　D. 评价中心

16. 生活特性测评主要测评个体的（　　）。

A. 创造力　　B. 动机水平

C. 管理水平　　D. 智力水平

17. 在评价中心的活动中，主试人进行观察评定的是要求考生表现出来的（　　）。

A. 信念　　B. 意识

C. 思想　　D. 行为

18. 差异系数又称变异系数或变差系数，是标准差与平均数的（　　）。

A. 比值　　B. 和

C. 差　　D. 积

19. 素质测评结果报告的方式，按形式分常见的有口头报告、分数报告、评语报告和（　　）。

A. 分项报告　　B. 等级报告

C. 综合报告　　D. 图表报告

20. 先对每个项目的得分进行适当扩大或缩小，再累加总分的方法是（　　）。

A. 累加法　　B. 平均综合法

C. 加权综合法　　D. 连乘综合法

得 分	评卷人	复查人

二、名词解释题（本大题共 5 小题，每小题 2 分，共 10 分）

21. 职业生涯

22. 模糊量化

23. 工作者自我记录法

24. 结构化面试

25. 角色扮演

得 分	评卷人	复查人

三、判断改错题（本大题共 5 小题，每小题 4 分，共 20 分）

判断下列各题划线处的正误，在题后的括号内，正确的划上“√”，错误的划上“×”，并改正错误。

26. 评价中心的情境设计应注意<u>相似性</u>，它是指所设计的情境应该和拟聘职位的工作实际具有高度的相似性。　　（　　）

27. 尽管人员素质测评与人才素质测评所指向的范围不同，但它们在测评理论、方法和技术上却是相同的。 (　　)

28. 权重确定法中，德尔菲法是指请专家“背靠背”反复讨论填写对权重设立的意见，不断反馈信息以期专家意见趋于一致，从而得出一个较为合理的权重分配方案的方法。 (　　)

29. 类别量化的测评对象是那些分类界限无法明确且测评者不能完全把握的素质特征。 (　　)

30. 特定的时空条件下，每个人所能承担的工作角色是不特定的。 (　　)

得 分	评卷人	复查人

四、简答题（本大题共5小题，每小题6分，共30分）

31. 简述素质的分类。

32. 简述人员配置经验原型的弊端。

33. 简述心理测验的构成要素。

34. 简述工作分析的主要方法。

35. 简述公文处理的评价标准。

得 分	评卷人	复查人

五、论述题（本大题共 2 小题，每小题 10 分，共 20 分）

36. 试述面试的主要内容。

37. 试述评价中心的操作程序。

四川省2016年1月高等教育自学考试
人员素质测评理论与方法试卷
参考答案

（课程代码　06090）

一、单项选择题（本大题共20小题，每小题1分，共20分）

1. B　2. C　3. D　4. C　5. B　6. B　7. C　8. A　9. A
10. B　11. B　12. D　13. B　14. D　15. D　16. B　17. D　18. A
19. B　20. C

二、名词解释题（本大题共5小题，每小题2分，共10分）

21. 职业生涯是指一个人在其生活中所经历的一系列职位、职务或职业的总称。

22. 模糊量化指测评对象是那些分类界限无法明确且测评者不能完全把握的素质特征。

23. 工作者自我记录法是指由工作者本人按标准格式及时、详细记录自己在工作中的行为与感觉。

24. 结构化面试也称标准化面试，是根据制定的评价指标，运用特定的问题、评价方法和评价标准，严格遵循特定程序，通过测评人员与应聘者面对面的言语交流，对应聘者进行评价的标准化过程。

25. 角色扮演是一种主要用于测评人际关系处理能力的情景模拟活动。

三、判断改错题（本大题共5小题，每小题4分，共20分）

26. √（4分）

27. √（4分）

28. √（4分）

29. ×（2分）

改：“类别量化”改为“模糊量化”（2分）。

30. ×（2分）

改：“不特定”改为“特定”（2分）。

四、简答题（本大题共5小题，每小题6分，共30分）

31. 答：自然素质（2分）、心理素质（2分）、社会素质（2分）。

32. 答：（1）过度依赖人力资源管理者的经验（2分）；

（2）效率低、效果差，不适用于规模较大的组织（2分）；

（3）因为人力资源管理者更换，容易导致人员配置工作缺乏连续性（2分）。

33. 答：（1）测试题目（1分）；

（2）施测方法（1分）；

（3）计分方法（1分）；

（4）技术指标（1分）；

（5）结果解释（1分）。

适当展开阐述，再得1分。

34. 答：（1）观察法（1分）；

（2）工作者自我记录法（1分）；

（3）主管人员分析法（1分）；

（4）关键事例法（1分）；

（5）文献查阅法（1分）；

（6）问卷调查法（1分）。

35. 答：（1）被测评者对公文分类的能力（2分）；

（2）能否适当地请示上级或授权下属（2分）；

（3）处理过程中能否按照公文的重要程度有条不紊地进行（2分）。

五、论述题（本大题共2小题，每小题10分，共20分）

36. 答：面试内容是指面试需要测评的主要素质指标。面试内容主要包括以下几个方面：

（1）仪表风度；

（2）口头表达能力；

（3）综合分析能力；

（4）应变能力和情绪控制力；

（5）知识面；

（6）工作经验；

（7）工作态度与求职动机；

（8）兴趣爱好。

（以上各点每答对 1 点，得 1 分。适当阐述得 2 分。）

37. 答：（1）工作分析；

（2）情景设计与成功行为特征的收集；

（3）评价人员的选择与培训；

（4）选择恰当的评价技术组合；

（5）实施测评和观察计分。

（以上各点每答对 1 点，得 1.5 分。适当阐述得 2.5 分。）

四川省 2017 年 1 月高等教育自学考试人员素质测评理论与方法试卷

（课程代码　06090）

注意事项：

本试卷分为两部分，满分 100 分，考试时间 150 分钟。

第一部分为选择题，1 页至 3 页，共 3 页。应考者必须按试题顺序在“答题卡”上按要求填涂，答在试卷上无效。

第二部分为非选择题，4 页至 4 页，共 1 页。应考者必须按试题顺序在“答题卡”上作答，答在试卷上无效。

第一部分　选择题（共 20 分）

一、单项选择题（本大题共 20 小题，每小题 1 分，共 20 分）在每小题列出的四个备选项中只有一个是符合题目要求的，请将其选出并将“答题卡”的相应代码涂黑。错涂、多涂或未涂均无分。

1. 人员素质测评主要测评被测者的（　　）。

A. 心理素质　　B. 身体素质

C. 遗传素质　　D. 艺术素质

2. 等距量化不但要求素质测评对象的排列有强弱、大小、先后等顺序的关系，而且要求任何两个素质测评对象间的差异（　　）。

A. 相等　　B. 不相等

C. 相反　　D. 相似

3. 指某一时间内个体所负担的一个或数个责任的集合的是（　　）。

A. 要素　　B. 任务

C. 职位　　D. 职务

4. 相对权数是指某个测评指标作为一个单位，它在总体中的（　　）。

A. 积　　B. 差

C. 和　　D. 比重值

5. 观察法是由有经验的人记录被观察者某一时期的工作内容、原因和方法而不干扰其工作的活动。它主要采取（　　）。

A. 直接观察　　B. 间接观察

C. 计时观察　　D. 计件观察

6. “江山易改，禀性难移”说明非常稳定的是人的（　　）。

A. 个性　　B. 性格

C. 气质　　D. 态度

7. 1938 年默瑞与摩尔根编制的投射测验是（　　）。

A. 智力测验　　B. 16 因素测验

C. 主题统觉测验　　D. 墨迹测验

8. 明尼苏达办事员能力测验属于（　　）。

A. 运动技能倾向测验　　B. 机械倾向测验

C. 技能技巧测验　　D. 文书能力测验

9. 吉尔福特编制的南加利福尼亚大学测验主要用于测量人的（　　）。

A. 性格　　B. 创造力

C. 气质　　D. 态度

10. 主要用于测量人的性格的心理测验是（　　）。

A. 比奈-西蒙量表　　B. 明尼苏达操作速度测验

C. 卡特尔 16 种个性因素测验　　D. 南加利福尼亚大学测验

11. 德尔菲法又称为（　　）。

A. 层次分析法　　B. 多元分析法

C. 专家分析法　　D. 主观经验法

12. 生活特性测评主要测评个体的（　　）。

A. 创造力　　B. 动机水平

C. 管理水平　　D. 智力水平

13. 工作分析的结果是形成职位工作规范和（　　）。

A. 职位说明书　　B. 职位工作责任书
C. 职位工作计划书　　D. 职位晋升图

14. 绩效考评是指考评主体通过一系列测评方法来测量和评价员工在职务上的工作行为与（　　）。
A. 工作动机　　B. 工作效果
C. 工作兴趣　　D. 工作态度

15. 下列测评方式中，信息沟通渠道最多的是（　　）。
A. 笔试　　B. 心理测验
C. 面试　　D. 投射法

16. 在评价中心的活动中，主试人进行观察评定的是要求考生表现出来的（　　）。
A. 信念　　B. 意识
C. 思想　　D. 行为

17. 在工作情境模拟测评的基础上发展起来的测评形式是（　　）。
A. 心理测验　　B. 面试
C. 纸笔测验　　D. 评价中心

18. 差异系数又称变异系数或变差系数，是标准差与平均数的（　　）。
A. 比值　　B. 和
C. 差　　D. 积

19. 素质测评结果报告的方式，按形式分常见的有口头报告、分数报告、等级报告和（　　）。
A. 分项报告　　B. 综合报告
C. 评语报告　　D. 图表报告

20. 在测评活动中直接得到的分数叫做（　　）。
A. 常模参照性分数　　B. 导出分数
C. 目标参照性分数　　D. 原始分数

第二部分　非选择题（共 80 分）

二、名词解释题（本大题共 5 小题，每小题 2 分，共 10 分）

21. 一次量化

22. 信度

23. 角色扮演

24. 察举制

25. 考核性测评

得 分	评卷人	复查人

三、判断改错题（本大题共 5 小题，每小题 4 分，共 20 分）

判断下列各题划线处的正误，在“答题卡”的试题序号后，正确的划上“√”；错误的划上“×”，并改正错误。

26. 人员素质测评与人才素质测评在测评理论、方法与技术上是相同的。

（　　）

27. 心理学研究表明，个体相互间是有差异的，这种差异不仅表现在生理、性别和外貌，而且还更多地体现在知识能力方面。 (　　)

28. 典型的结构化面试的目的是要把被试考倒，以此考察其机智程度、应变能力、压力承受能力以及情绪稳定性等心理素质。 (　　)

29. 管理游戏是一种以完成某项“实际任务”为基础的标准化的模拟活动。 (　　)

30. 比例量化的测评对象是那些界限无法明确，或者测评者认识模糊和无法把握的素质特征。 (　　)

四、简答题（本大题共5小题，每小题6分，共30分）

31. 简述人才测评的功能。

32. 简述公文处理的评价标准。

33. 简述专业知识笔试的层次。

34. 简述面试的概念和特点。

35. 简述素质测评与绩效测评的关系。

五、论述题（本大题共 2 小题，每小题 10 分，共 20 分）

36. 试述评价中心的特点。

37. 试述管理人才测评的主要内容。

四川省2017年1月高等教育自学考试
人员素质测评理论与方法试卷
参考答案

（课程代码　06090）

一、单项选择题（本大题共20小题，每小题1分，共20分）

1. A	2. A	3. C	4. D	5. B	6. C	7. C	8. D	9. B
10. C	11. C	12. B	13. A	14. B	15. C	16. D	17. D	18. A
19. C	20. D							

二、名词解释题（本大题共5小题，每小题2分，共10分）

21. 一次量化是指对素质评价的对象进行直接的定量刻画。

22. 信度，即可靠性，指的是测量结果反映测量对象实际情况的可信程度。

23. 角色扮演是一种以评价被测评者人际关系处理能力的情景模拟活动。

24. 察举制是指在汉代实行的一种自下而上的选拔人才的制度。

25. 考核性测评是以鉴定与验证某种素质是否具备或具备程度大小为目的的素质测评。

三、判断改错题（本大题共5小题，每小题4分，共20分）

26. √（4分）

27. ×（2分）

改：“知识能力方面”改为“心理上”（2分）。

28. ×（2分）

改：“结构化面试”改为“压力面试”（2分）。

29. √（4分）

30. ×（2分）

改：“类别量化”改为“模糊量化”（2分）。

四、简答题（本大题共5小题，每小题6分，共30分）

31. 答：(1) 甄别和评定功能（2分）；

(2) 诊断和反馈功能（2分）；

(3) 预测和激励功能（2分）。

32. 答：(1) 被测评者对公文分类的能力（2分）；

(2) 能否适当地请示上级或授权下属（2分）；

(3) 处理过程中能否按照公文的重要程度有条不紊地进行（2分）。

33. 答：(1) 基础知识记忆（2分）；

(2) 专业知识理解（2分）；

(3) 综合知识全面运用（2分）。

34. 答：(1) 面试是一种在特定场景下，经过精心设计，通过测评者与被测评者双方面对面的观察、交谈等双向沟通方式，全面了解被测评者素质特征、能力状况以及求职动机等信息，以确定被测评者是否符合职位要求的一种人员素质测评手段（1分）。

(2) 面试的特点表现在：面试主要通过对被测评者的外部行为观察来评价其素质（1分）；直观性（1分）；灵活性（1分）；互动性（1分）和主观性（1分）。

35. 答：素质测评是对一个人德、能、识、体的要素测评（2分），而绩效考评是一种业绩实效的考查评定（2分），素质与绩效互为表里（1分）。素质是取得绩效的条件保证，而绩效是素质高低的事实证明，因此应从素质测评中预测绩效，从绩效考评中来验证素质。(1分)

五、论述题（本大题共2小题，每小题10分，共20分）

36. 答：(1) 综合性；

(2) 情景模拟性；

(3) 动态性；

(4) 标准化；

(5) 全面性。

(以上各点每答对1点，得1.5分。适当阐述得2.5分。)

37. 答：(1) 人际敏感能力测评；

（2）管理变革测评；

（3）团队指导技能测评；

（4）自我实现测评；

（5）人际关系测评；

（6）沟通技能测评。

（以上各点答对其中六点各得 1 分，适当阐述得 4 分。）

四川省2017年4月高等教育自学考试
人员素质测评理论与方法试卷

（课程代码　06090）

注意事项：

本试卷分为两部分，满分100分，考试时间150分钟。

第一部分为选择题，1页至3页，共3页。应考者必须按试题顺序在“答题卡”上按要求填涂，答在试卷上无效。

第二部分为非选择题，3页至4页，共2页。应考者必须按试题顺序在“答题卡”上作答，答在试卷上无效。

第一部分　选择题（共20分）

一、单项选择题（本大题共20小题，每小题1分，共20分）在每小题列出的四个备选项中只有一个是符合题目要求的，请将其选出并将“答题卡”的相应代码涂黑。错涂、多涂或未涂均无分。

1. 所有测评指标的绝对权数之和为总分，而所有测评指标的相对权数之和为（　　）。

A. 0　　B. 1

C. 2　　D. 3

2. 工作分析活动的实质就是要从不同个人职业生涯与职业活动的调查入手，顺次分析工作者、职务、职位、职责、任务与要素的过程，并由此确定工作的性质要求与（　　）。

A. 岗位　　B. 任职条件

C. 工作描述　　D. 责任

3. 比例量化不仅要求素质测评对象的排列有顺序等距关系，而且还要存在（　　）。

A. 数量关系　　B. 倍数关系

C. 相等关系　　D. 相似关系

4. 某一时间内个体负担的一个或数个责任的集合是（　　）。

A. 要素　　B. 任务

C. 职位　　D. 职务

5. 面试测评被测者素质时主要观察被测者的（　　）。

A. 行为　　B. 智力

C. 技能　　D. 需要

6. 观察法是由有经验的人记录被观察者某一时期的工作内容、原因和方法而不干扰其工作的活动。它主要采取（　　）。

A. 直接观察　　B. 隐蔽观察

C. 计时观察　　D. 计件观察

7. 1938 年默瑞与摩尔根编制了投射测验之一的（　　）。

A. 智力测验　　B. 16 因素测验

C. 主题统觉测验　　D. 墨迹测验

8. 卡特尔 16 因素测验主要用于测量人的（　　）。

A. 智力　　B. 兴趣

C. 个性　　D. 特殊性向

9. 绩效考评是指考评主体通过一系列测评方法来测量和评价员工在职务上的工作行为与（　　）。

A. 工作动机　　B. 工作效果

C. 工作兴趣　　D. 工作态度

10. 工作分析的结果是形成职位工作规范和（　　）。

A. 职位说明书　　B. 职位工作责任书

C. 职位工作计划书　　D. 职位晋升图

11. 在评价中心的活动中，主试人进行观察评定的是要求考生表现出来的（　　）。

A. 信念　　B. 意识

C. 思想　　D. 行为

12. 在工作情境模拟测评的基础上发展起来的测评形式是（　　）。

A. 心理测验　　B. 面试

C. 纸笔测验　　D. 评价中心

13. 比奈-西蒙量表主要用于测量人的（　　）。

A. 性格　　B. 行为

C. 智力　　D. 态度

14. 明尼苏达办事员能力测验属于（　　）。

A. 运动技能倾向测验　　B. 机械倾向测验

C. 技能技巧测验　　D. 文书能力测验

15. 德尔菲法又称为（　　）。

A. 层次分析法　　B. 多元分析法

C. 专家咨询法　　D. 主观经验法

16. 南加利福尼亚大学创造力测验的编制者是（　　）。

A. 瑟斯顿　　B. 吉尔福特

C. 卡特尔　　D. 西蒙

17. 韦克斯勒量表主要用于测量人的（　　）。

A. 能力　　B. 性格

C. 气质　　D. 智力

18. 差异系数又称变异系数或变差系数，是标准差与平均数的（　　）。

A. 比值　　B. 和

C. 差　　D. 积

19. 素质测评结果报告的方式，按形式分常见的有口头报告、分数报告、等级报告和（　　）。

A. 分项报告　　B. 综合报告

C. 评语报告　　D. 图表报告

20. 在测评活动中直接得到的分数叫做（　　）。

A. 常模参照性分数　　B. 导出分数

C. 目标参照性分数　　D. 原始分数

第二部分　非选择题（共 80 分）

二、名词解释题（本大题共 5 小题，每小题 2 分，共 10 分）

21. 一次量化

22. 察举制

23. 区分度

24. 气质

25. 专业知识笔试

三、判断改错题（本大题共 5 小题，每小题 4 分，共 20 分）判断下列各题划线处的正误，在“答题卡”的试题序号后，正确的划上“√”；错误的划上“×”，并改正错误。

26. 权重确定法中，德尔菲法是指请专家“背靠背”反复讨论填写对权重设立的意见，不断反馈信息以期专家意见趋于一致，从而得出一个较为合理的权重分配方案的方法。（　　）

27. 类别量化的测评对象是那些界限无法明确，或者测评者认识模糊和无法把握的素质特征。（　　）

28. 心理学的研究表明，个体相互间是有差异的，这种差异不仅表现在生理上、性别上与外貌上，而且更多体现在个体的知识与能力上。（　　）

29. 管理游戏是一种以评价被测评者人际关系处理能力的情景模拟活动。（　　）

30. 典型的结构化面试的目的是要把被试考倒，以此考察其机智程度、应变能力、压力承受能力以及情绪稳定性等心理素质。（　　）

四、简答题（本大题共5小题，每小题6分，共30分）

31. 简述人才测评的作用。

32. 申请表和履历表有哪些区别和联系？

33. 简述类别量化与模糊量化的区别。

34. 简述管理人才测评的主要内容。

35. 简述素质测评与绩效测评的关系。

五、论述题（本大题共 2 小题，每小题 10 分，共 20 分）

36. 试述面试的特点。

37. 试述评价中心的主要形式。

四川省2017年4月高等教育自学考试
人员素质测评理论与方法试卷
参考答案

（课程代码　06090）

一、单项选择题（本大题共20小题，每小题1分，共20分）

1. B　2. B　3. B　4. C　5. A　6. B　7. C　8. C　9. B
10. A　11. D　12. D　13. C　14. D　15. C　16. B　17. D　18. A
19. C　20. D

二、名词解释题（本大题共5小题，每小题2分，共10分）

21. 一次量化是指对素质评价的对象进行直接的定量刻画。

22. 察举制是指在汉代实行的一种自下而上的选拔人才的制度。

23. 区分度是反映测评工具（如试题）区分应试人心理特征水平的指标。

24. 气质是指个体不以活动目的和内容为转移的典型的、稳定的心理活动的动力特性。

25. 专业知识笔试又称深度考试，是针对专业人才对知识掌握程度的综合测评考核。

三、判断改错题（本大题共5小题，每小题4分，共20分）

26. √（4分）

27. ×（2分）

改：“类别量化”改为“模糊量化”（2分）。

28. ×（2分）

改：“知识与能力上”改为“心理上”（2分）。

29. ×（2分）

改：“管理游戏”改为“角色扮演”（2分）。

30. ×（2分）

改："结构化面试"改为"压力面试"（2分）。

四、简答题（本大题共5小题，每小题6分，共30分）

31. 答：（1）人才测评对组织的作用表现在配置人才资源（1分）、推动人才开发（1分）、调节人才市场（1分）；

（2）人才测评对个人的作用表现在促进自我认知（1分）、促进个人择业（1分）、促进自我发展（1分）。

32. 答：（1）履历表内容与申请表类似，但履历表的内容更详细（2分）；

（2）履历表主要记录被测者过去的情况，申请表强调被测者当前的素质（2分）；

（3）履历表项目的选择以与职位要求和工作绩效的相关性为标准（2分）。

33. 答：（1）类别量化的测评对象是那些分类界限明确（1.5分）且测评者能完全把握的素质特征（1.5分）；

（2）模糊量化的测评对象是那些分类界限无法明确（1.5分）且测评者不能完全把握的素质特征（1.5分）。

34. 答：（1）人际敏感能力测评（1分）；

（2）管理变革测评（1分）；

（3）团队指导技能测评（1分）；

（4）自我实现测评（1分）；

（5）人际关系测评（1分）；

（6）沟通技能测评（1分）。

35. 答：素质测评是对一个人德、能、识、体的要素测评（2分），而绩效考评是一种业绩实效的考查评定（2分），素质与绩效互为表里（1分）。素质是取得绩效的条件保证，而绩效是素质的事实证明，因此应从素质测评中预测绩效，从绩效考评中来验证素质（1分）。

五、论述题（本大题共2小题，每小题10分，共20分）

36. 答：（1）主要通过对被测者的外部行为观察来评价其素质；

（2）直观性；

（3）灵活性；

（4）互动性；

（5）主观性。

（以上各点每答对 1 点，得 1 分。每点适当阐述得 1 分。）

37. 答：（1）评价中心是以考察管理者素质为中心的一组规范化的测评活动（2 分）。

（2）公文处理是指主试人观察测评被测者在公文的办理以及拟写和制作过程中对文件处理是否有轻重缓急之分，是有条不紊地处理并适当地请示上级或者授权下属，还是拘泥于细节，杂乱无章地处理，从而考察被测者的管理素质（2 分）。

（3）小组讨论分有角色小组讨论和无角色小组讨论，用小组讨论的方式测评管理者的领导技能（2 分）。

（4）管理游戏是一种以完成某种“实际工作任务”为基础的标准化模拟活动，主要测评被试者实际的管理能力（2 分）。

（5）角色扮演是一种以评价被测评者人际关系处理能力的情景模拟活动（2 分）。

四川省2018年1月高等教育自学考试
人员素质测评理论与方法试卷

（课程代码　06090）

注意事项：

1. 本试卷分为两部分，第一部分为选择题，第二部分为非选择题。

2. 应考者必须按试题顺序在答题卡指定位置上作答，答在试卷上无效。

3. 涂写部分、画图部分必须使用2B铅笔，书写部分必须使用黑色字迹签字笔。

第一部分　选择题

一、单项选择题：本大题共20小题，每小题1分，共20分。在每小题列出的备选项中只有一项是最符合题目要求的，请将其选出。

1. 人员素质测评主要测评被测者的（　　）。

A. 心理素质　　B. 身体素质

C. 遗传素质　　D. 艺术素质

2. 等距量化要求任何两个素质测评对象间的差异（　　）。

A. 相等　　B. 不相等

C. 相反　　D. 相似

3. 某一时间内个体所负担的一个或数个责任的集合是（　　）。

A. 要素　　B. 任务

C. 职位　　D. 职务

4. 相对权数是指某个测评指标作为一个单位，它在总体中的（　　）。

A. 积　　B. 差

C. 和　　D. 比重值

5. 观察法是由有经验的人记录被观察者某一时期的工作内容、原因和方法而不干扰其工作的活动。它主要采取（　　）。

A. 直接观察　　B. 隐蔽观察

C. 计时观察　　D. 计件观察

6. “江山易改，禀性难移”说明非常稳定的是人的（　　）。

A. 能力　　B. 性格

C. 气质　　D. 态度

7. 1938 年默瑞与摩尔根编制了投射测验之一的（　　）。

A. 智力测验　　B. 16 因素测验

C. 主题统觉测验　　D. 墨迹测验

8. 明尼苏达办事员能力测验属于（　　）。

A. 运动技能倾向测验　　B. 机械倾向测验

C. 技能技巧测验　　D. 文书能力测验

9. 南加利福尼亚大学测验主要用于测量人的（　　）。

A. 气质　　B. 创造力

C. 态度　　D. 能力

10. 主要用于测量人的性格的心理测验是（　　）。

A. 比奈-西蒙量表　　B. 明尼苏达操作速度测验

C. 卡特尔 16 因素测验　　D. 南加利福尼亚大学测验

11. 德尔菲法又称为（　　）。

A. 层次分析法　　B. 多元分析法

C. 专家咨询法　　D. 主观经验法

12. 生活特性测评主要测评个体的（　　）。

A. 创造力　　B. 动机水平

C. 管理水平　　D. 智力水平

13. 工作分析的结果是形成职位工作规范和（　　）。

A. 职位说明书　　B. 职位工作责任书

C. 职位工作计划书　　D. 职位晋升图

14. 绩效考评是指考评主体通过一系列测评方法来测量和评价员工在职务上的

工作行为与（　　）。

A. 工作动机　　B. 工作效果

C. 工作兴趣　　D. 工作态度

15. 下列测评方式中，信息沟通渠道最多的是（　　）。

A. 笔试　　B. 心理测验

C. 面试　　D. 投射法

16. 在评价中心的活动中，主试人进行观察评定的是要求考生表现出来的（　　）。

A. 信念　　B. 意识

C. 思想　　D. 行为

17. 在工作情境模拟测评的基础上发展起来的测评形式是（　　）。

A. 心理测验　　B. 面试

C. 纸笔测验　　D. 评价中心

18. 差异系数又称变异系数或变差系数，是标准差与平均数的（　　）。

A. 比值　　B. 和

C. 差　　D. 积

19. 素质测评结果报告的方式，按形式分常见的有口头报告、分数报告、等级报告和（　　）。

A. 分项报告　　B. 综合报告

C. 评语报告　　D. 图表报告

20. 在测评活动中直接得到的分数叫做（　　）。

A. 常模参照性分数　　B. 导出分数

C. 目标参照性分数　　D. 原始分数

第二部分　非选择题

二、名词解释题：本大题共5小题，每小题2分，共10分。

21. 二次量化

22. 关键事例法

23. 角色扮演

24. 察举制

25. 考核性测评

三、判断改错题：本大题共 5 小题，每小题 4 分，共 20 分。判断下列各题的正误，在“答题卡”的试题序号后，正确的划上“√”；错误的划上“×”，并改正错误。

26. 人员素质测评与人才素质测评在测评理论、方法与技术上是<u>相同</u>的。

（　　）

27. 心理学研究表明，个体相互间是有差异的，这种差异不仅表现在生理、性别和外貌，而且还更多地体现在个体的知识与能力方面。 （ ）

28. 压力面试的目的是要把被试者考倒，以此考察其机智程度、应变能力、压力承受能力及情绪稳定性等心理素质。 （ ）

29. 小组讨论是一种以评价被测者人际关系处理能力的情景模拟活动。（ ）

30. 比例量化的测评对象是那些界限无法明确，或测评者认识模糊和无法把握的素质特征。 （ ）

四、简答题：本大题共5小题，每小题6分，共30分。

31. 简述人才测评的功能。

32. 简述公文处理的评价标准。

33. 简述专业知识笔试的层次。

34. 简述面试的概念和特点。

35. 简述素质测评与绩效测评的关系。

五、论述题：本大题共 2 小题，每小题 10 分，共 20 分。

36. 试述评价中心的特点。

37. 试述管理人才测评的主要内容。

四川省2018年1月高等教育自学考试
人员素质测评理论与方法试卷
参考答案

（课程代码　06090）

一、单项选择题（本大题共20小题，每小题1分，共20分）

1. A　2. A　3. C　4. D　5. B　6. C　7. C　8. D　9. B
10. C　11. C　12. B　13. A　14. B　15. C　16. D　17. D　18. A
19. C　20. D

二、名词解释题（本大题共5小题，每小题2分，共10分）

21. 二次量化是指对素质评价对象进行间接的定量刻画。

22. 关键事例法是一种通过对实际工作中特别有效或无效的工作者行为的简短描述来调查与分析工作的一种方法。

23. 角色扮演是一种以评价被测评者人际关系处理能力的情景模拟活动。

24. 察举制是指在汉代实行的一种自下而上的选拔人才的制度。

25. 考核性测评是以鉴定与验证某种素质是否具备或具备程度大小为目的的素质测评。

三、判断改错题（本大题共5小题，每小题4分，共20分）

26. √（4分）

27. ×（2分）

改："知识与能力"改为"心理"（2分）。

28. √（4分）

29. ×（2分）

改："小组讨论"改为"角色扮演"（2分）。

30. ×（2分）

改："比例量化"改为"模糊量化"（2分）。

四、简答题（本大题共 5 小题，每小题 6 分，共 30 分）

31. 答：（1）甄别和评定功能（2 分）；

（2）诊断和反馈功能（2 分）；

（3）预测和激励功能（2 分）。

32. 答：（1）被测评者对公文分类的能力（2 分）；

（2）能否适当地请示上级或者授权下属（2 分）；

（3）处理过程中能否按照公文的重要程度有条不紊地进行（2 分）。

33. 答：（1）基础知识记忆（2 分）；

（2）专业知识理解（2 分）；

（3）综合知识全面运用（2 分）。

34. 答：（1）面试是一种在特定场景下，经过精心设计，通过测评者与被测评者双方面对面的观察、交谈等双向沟通方式，全面了解被测评者素质特征、能力状况以及求职动机等信息，以确定被测评者是否符合职位要求的一种人员素质测评手段（1 分）。

（2）面试的特点表现在：面试主要通过对被测评者的外部行为观察来评价其素质（1 分）；直观性（1 分）；灵活性（1 分）；互动性（1 分）；主观性（1 分）。

35. 答：素质测评是对一个人德、能、识、体的要素测评（2 分），而绩效考评是一种业绩实效的考查评定（2 分），素质与绩效互为表里（1 分）。素质是取得绩效的条件保证，而绩效是素质高低的事实证明，因此应从素质测评中预测绩效，从绩效考评中来验证素质（1 分）。

五、论述题（本大题共 2 小题，每小题 10 分，共 20 分）

36. 答：（1）综合性；

（2）情景模拟性；

（3）动态性；

（4）标准化；

（5）全面性。

（以上各点每答对 1 点，得 1 分。每点适当阐述得 1 分。）

37. 答：（1）人际敏感能力测评；

（2）管理变革测评；

（3）团队指导技能测评；

（4）自我实现测评；

（5）人际关系测评；

（6）沟通技能测评。

（以上各点每答对 1 点，得 1 分，全题适当阐述得 4 分。）

四川省2018年4月高等教育自学考试人员素质测评理论与方法试卷

（课程代码　06090）

注意事项：

1. 本试卷分为两部分，第一部分为选择题，第二部分为非选择题。

2. 应考者必须按试题顺序在答题卡指定位置上作答，答在试卷上无效。

3. 涂写部分、画图部分必须使用2B铅笔，书写部分必须使用黑色字迹签字笔。

第一部分　选择题

一、单项选择题：本大题共20小题，每小题1分，共10分。在每小题列出的备选项中只有一项是最符合题目要求的，请将其选出。

1. 所有测评指标的绝对权数之和为总分，而所有测评指标的相对权数之和则为（　　）。

A. 0　　B. 1

C. 2　　D. 3

2. 工作分析活动的实质就是要从不同个人职业生涯与职业活动的调查入手，顺次分析工作者、职务、职位、职责、任务与要素的过程，并由此确定工作的性质要求与（　　）。

A. 岗位　　B. 任职条件

C. 工作描述　　D. 责任

3. 比例量化要求素质测评对象的排列有顺序等距关系，而且还要存在（　　）。

A. 数量关系　　B. 倍数关系

C. 相等关系　　D. 相似关系

4. 指某一时间内个体所负担的一个或数个责任的集合的是（　　）。

A. 要素　　B. 任务

C. 职位　　D. 职务

5. 面试测评被测者的素质主要是观察被测者的（　　）。

A. 行为　　B. 智力

C. 技能　　D. 需要

6. 17 世纪英国著名哲学家洛克认为，人才就是（　　）。

A. 哲学家　　B. 绅士

C. 贵族　　D. 知识分子

7. 下列心理测验中，属于投射测验的是（　　）。

A. 托兰斯测验　　B. 16 因素测验

C. 尤金・劳德赛测验　　D. 墨迹测验

8. 卡特尔 16 中个性因素测验主要用于测量人的（　　）。

A. 智力　　B. 兴趣

C. 性格　　D. 特殊性向

9. 绩效考评是指考评主体通过一系列测评方法来测量和评价员工在职务上的工作行为与（　　）。

A. 工作动机　　B. 工作效果

C. 工作兴趣　　D. 工作态度

10. 工作分析的结果是形成职位工作规范和（　　）。

A. 职位说明书　　B. 职位工作责任书

C. 职位工作计划书　　D. 职位晋升图

11. 在评价中心的活动中，主试人进行观察评定的是要求考生表现出来的（　　）。

A. 信念　　B. 意识

C. 思想　　D. 行为

12. 在工作情境模拟测评的基础上发展起来的测评形式是（　　）。

A. 心理测验　　B. 面试

C. 纸笔测验　　D. 评价中心

13. 比奈-西蒙量表主要用于测量人的（　　）。

A. 性格　　B. 行为

C. 智力　　D. 态度

14. 明尼苏达办事员能力测验属于（　　）。

A. 运动技能倾向测验　　B. 机械倾向测验

C. 技能技巧测验　　D. 文书能力测验

15. 德尔菲法又称为（　　）。

A. 层次分析法　　B. 多元分析法

C. 专家分析法　　D. 主观经验法

16. 南加利福尼亚大学创造力测验的编制者是（　　）。

A. 瑟斯顿　　B. 吉尔福特

C. 卡特尔　　D. 西蒙

17. 韦克斯勒量表主要用于测量人的（　　）。

A. 能力　　B. 性格

C. 气质　　D. 智力

18. 在中高层领导选拔和聘用中，常用的测评报告形式是（　　）。

A. 等级报告　　B. 分数报告

C. 评语报告　　D. 分项报告

19. 素质测评结果报告的方式，按形式分常见的有分数报告、等级报告、评语报告和（　　）。

A. 口头报告　　B. 综合报告

C. 分项报告　　D. 图表报告

20. 下列项目不属于导出分数的是（　　）。

A. 名次　　B. 登记频数

C. Z 分数　　D. 百分位数

第二部分　非选择题

二、名词解释题：本大题共 5 小题，每小题 2 分，共 10 分。

21. 二次量化

22. 科举制

23. 区分度

24. 气质

25. 专业知识笔试

三、判断改错题： 本大题共 5 小题，每小题 4 分，共 20 分。判断下列各题划线处的正误，在“答题卡”的试题序号后，正确的划上“√”；错误的划上“×”，并改正错误。

26. 人员素质测评主要是对<u>个体心理现象</u>的测量。（ ）

27. 模糊量化的测评对象是那些界限无法明确，或者测评者认识模糊和无法把握的素质特征。（　）

28. 心理学的研究表明，个体相互间是有差异的，这种差异不仅表现在生理上、性别上与外貌上，而且更多体现在个体所掌握的知识与能力上。（　）

29. 管理游戏是一种以评价被测评者人际关系处理能力的情景模拟活动。（　）

30. 情景面试的目的是要把被试者考倒，以此考察其机智程度、应变能力、压力承受能力及情绪稳定性等心理素质。（　）

四、简答题：本大题共 5 小题，每小题 6 分，共 30 分。

31. 简述人才测评的作用。

32. 申请表和履历表有哪些区别和联系？

33. 简述类别量化与模糊量化的区别。

34. 管理人才测评的主要内容有哪些?

35. 简述素质测评的基础假设。

五、论述题：本大题共 2 小题，每小题 10 分，共 20 分。

36. 试述面试的特点。

37. 试述评价中心的主要形式。

四川省2018年4月高等教育自学考试
人员素质测评理论与方法试卷
参考答案

（课程代码　06090）

一、单项选择题（本大题共20小题，每小题1分，共20分）

1. B　2. B　3. B　4. C　5. A　6. B　7. D　8. C　9. B
10. A　11. D　12. D　13. C　14. D　15. C　16. B　17. D　18. C
19. A　20. B

二、名词解释题（本大题共5小题，每小题2分，共10分）

21. 二次量化是指对素质评价的对象进行间接的定量刻画。

22. 科举制是封建王朝通过考试选拔官吏的一种制度，因分科取士，故称科举。

23. 区分度是反映测评工具（如试题）区分应试人心理特征水平高低的指标。

24. 气质是指个体不以活动目的和内容为转移的典型的、稳定的心理活动的动力特性。

25. 专业知识笔试．又称深度考试，是针对专业人才对知识掌握程度的综合测评考核。

三、判断改错题（本大题共5小题，每小题4分，共20分）

26. √（4分）

27. √（4分）

28. ×（2分）

改：“个体所掌握的知识与能力上”改为“心理上”（2分）。

29. ×（2分）

改：“管理游戏”改为“角色扮演”（2分）。

30. ×（2分）

"情景面试"改为"压力面试"（2分）。

四、简答题（本大题共5小题，每小题6分，共30分）

31. 答：（1）人才测评对组织的作用表现在配置人才资源、推动人才开发、调节人才市场（3分）；

（2）人才测评对个人的作用表现在促进自我认知、促进个人择业、促进自我发展（3分）。

32. 答：（1）履历表内容与申请表类似，但履历表的内容更详细（2分）；

（2）履历表主要记录被测者过去的情况，申请表强调被测者当前的素质（2分）；

（3）履历表项目的选择以与职位要求和工作绩效的相关性为标准（2分）。

33. 答：（1）类别量化的测评对象是那些分类界限明确且测评者能完全把握的素质特征（3分）；

（2）模糊量化的测评对象是那些分类界限无法明确且测评者不能完全把握的素质特征（3分）。

34. 答：（1）人际敏感能力测评（1分）；

（2）管理变革测评（1分）；

（3）团队指导技能测评（1分）；

（4）自我实现测评（1分）；

（5）人际关系测评（1分）；

（6）沟通技能测评（1分）。

35. 答：（1）客观世界是可知的（1分）；

（2）个体之间既有同质性又有差异性（1分）；

（3）人受到环境影响，会做出相应的反应（1分）；

（4）现象反应本质（1分）。

（以上4点，适当展开阐述，再得2分。）

五、论述题（本大题共2小题，每小题10分，共20分）

36. 答：（1）主要通过对被测者的外部行为观察来评价其素质；

（2）直观性；

（3）灵活性；

（4）互动性；

（5）主观性。

（以上各点每答对 1 点，得 1.5 分。适当阐述得 2.5 分。）

37. 评价中心是以考察管理者素质为中心的一组规范化的测评活动（2 分）。

（1）公文处理：主试人观察测评被测者在公文的办理以及拟写和制作过程中对文件处理是否有轻重缓急之分，是有条不紊地处理并适当地请示上级或者授权下属，还是拘泥于细节，杂乱无章地处理，从而考察被测者的管理素质（2 分）。

②小组讨论：分有角色小组讨论和无角色小组讨论，用小组讨论的方式测评管理者的领导技能（2 分）。

③管理游戏：是一种以完成某种“实际工作任务”为基础的标准化模拟活动，主要测评被试者实际的管理能力（2 分）。

④角色扮演：一种以评价被测评者人际关系处理能力的情景模拟活动（2 分）。